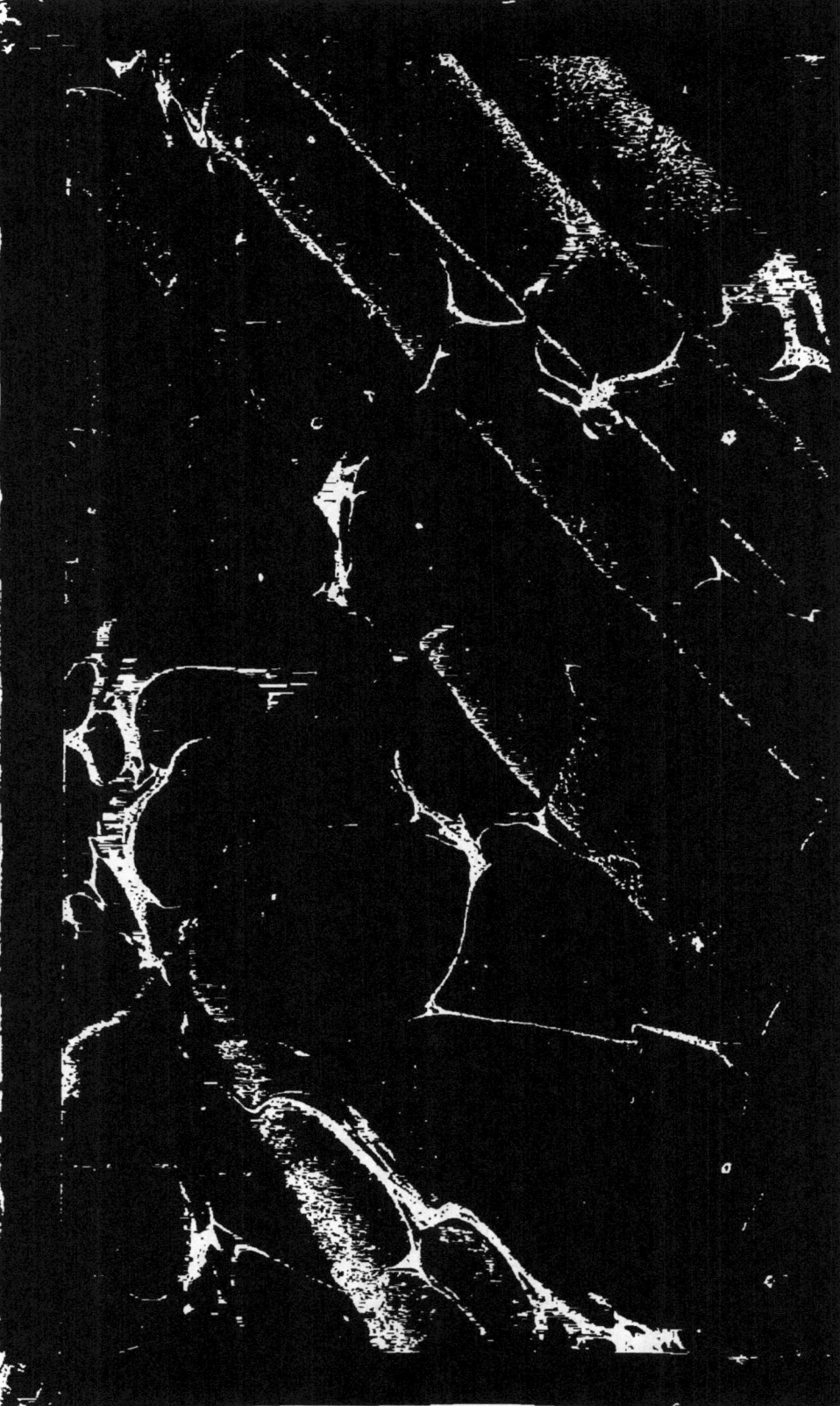

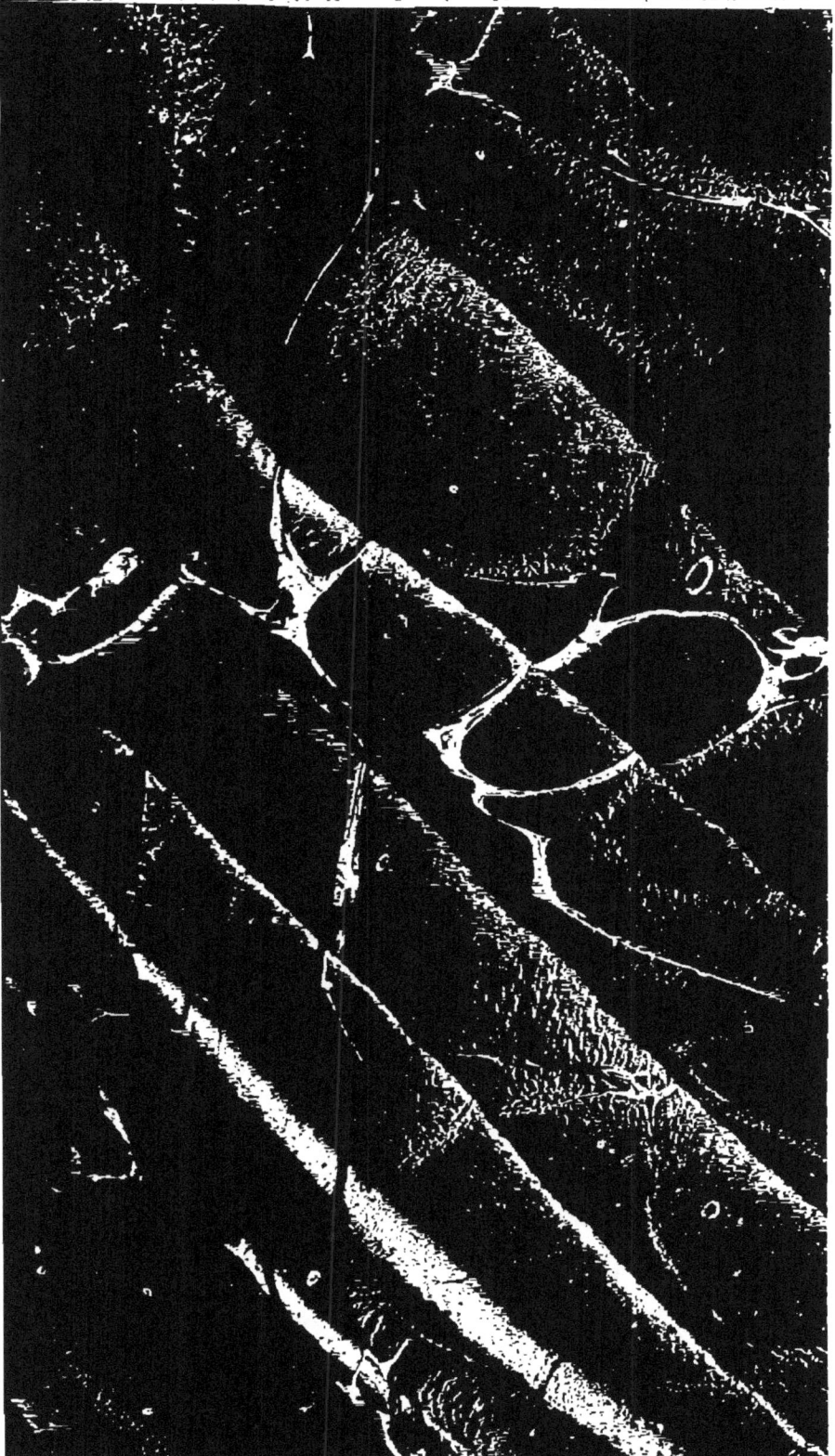

Z. 15
B. A.

10517

TRAITÉ
DU CHOIX ET DE LA MÉTHODE
DES ÉTUDES.

PARIS, IMPRIMERIE DE E. POCHARD,
rue du Pot-de-Fer, n. 14.

TRAITÉ

DU

CHOIX ET DE LA MÉTHODE

DES ÉTUDES

PAR

L'ABBÉ FLEURY.

PUBLIÉ

PAR M. DE LAURENTIE.

PARIS.

J.-J BLAISE, LIBRAIRE-ÉDITEUR,

RUE FÉROU-SAINT-SULPICE, N° 24.

1829.

NOTICE

SUR

LE TRAITÉ DES ÉTUDES

DE L'ABBÉ FLEURY.

L'abbé Fleury fut un des esprits les plus élégants et les mieux cultivés du grand siècle. On sait quelle fut son érudition dans les matières ecclésiastiques; malheureusement les études qui se rapportoient à la théologie étoient alors dominées par de certaines idées qu'on peut à présent signaler comme des préjugés, mais qui, sous l'apparence de l'ordre et de la liberté des états, ont nui long-temps à l'autorité de l'église.

L'abbé Fleury avoit subi, comme la plupart des écrivains de ce temps, l'influence de ces opinions locales qui ne se défendoient qu'à force d'art et de sophisme du reproche d'une dissidence complète avec l'église universelle, et qui, se mêlant dans les mêmes hommes à une piété soumise et à une foi éprouvée, pouvoient paroître innocentes tant que l'esprit de révolte n'en avoit pas fait un arme redoutable, et un moyen de saper la puissance.

Toutefois, un esprit droit et ferme comme celui de Fleury devoit apercevoir les conséquences de ces principes, et on voit qu'il les a marquées dans quelques uns de ses écrits. (1) Il n'eut pas pour cela le courage de s'affranchir toujours de cette influence, et on la retrouve dans ceux de ses ouvrages qui ont mérité le plus de renommée. C'est une des contradictions qui se remarquent le plus souvent dans l'histoire de l'esprit humain. On voit le danger des préjugés publics, et pourtant on se laisse entraîner par leur autorité. On s'efforce de les accommoder avec la

(1) Opuscules de l'abbé Fleury, publiés par M. Emery, ancien supérieur général de Saint-Sulpice.

foi ; on en fait un mélange avec les croyances fondamentales; on croit ainsi rendre la vérité moins dure : comme si la vérité se modifioit selon les caprices, et qu'il fût nécessaire de la plier aux opinions pour étendre son empire sur l'intelligence.

L'abbé Fleury, malgré ce reproche singulièrement tempéré par la nécessité des temps et par la situation publique de la religion, n'en reste pas moins un des écrivains les plus distingués, et un des hommes les plus remarquables du siècle de Louis XIV. Celui de ses ouvrages où brille le plus cet esprit *judicieux* dont on a parlé si souvent, est sans contredit le *Traité des études*. Ce court essai sur la réforme des études humaines annonce un homme profondément versé dans toutes les parties des sciences; mais il ne se contente pas de les considérer isolément, il les embrasse dans un certain ensemble, et il s'attache à montrer surtout ce qu'elles ont de moral et de vraiment utile à l'homme. Les routines scholastiques lui paroissent mesquines, et il ose proposer des études plus larges. Ce n'est pas cependant sans avoir étudié les services rendus par les écoles publiques qu'il demande des changements. Il suit l'histoire des universités, et le précis rapide qu'il en offre a encore de l'utilité, puisqu'on y voit la religion dominant toujours l'enseignement, et se chargeant de répandre les lumières, comme pour en assurer le bienfait.

Il ne faut point chercher dans l'ouvrage de Fleury des détails d'éducation; il suppose avec raison qu'après avoir tracé un certain ordre d'idées à ceux qui sont chargés d'élever la jeunesse, d'eux-mêmes ils en feront ensuite l'application. Il indique les objets les plus essentiels de l'instruction; il trace en grand la méthode des études; mais il laisse aux maîtres le soin d'accommoder leurs travaux à ce plan fondamental. C'est ici une grande différence du travail de Fleury, et de celui de Rollin qui porte le même titre. Rollin ne cesse pas d'être un professeur dans son traité; il fait des analyses, des extraits, des traductions; il parle à des disciples, à de jeunes intelligences, et par conséquent, son ouvrage est borné, et ses pensées ne s'élèvent pas à de grandes hauteurs. Fleury, au contraire, prend les sommités des sciences; il parle aux maîtres, il fait des réformes d'enseignement; et ainsi son ouvrage a une utilité plus étendue; ajoutons que ses vues sont plus saines. Chez lui on ne trouve point cette admiration des républiques anciennes qui dans notre système moderne d'éducation est devenu comme un sentiment national, et disons-le, comme une grande et universelle frénésie. Aussi est-il aujourd'hui d'une grande utilité de reproduire l'écrit de Fleury. Il y a assurément des choses incomplètes; il y a même quelques unes de ces pensées inspirées par cette influence du temps dont nous avons parlé tout à l'heure. Mais d'abord, dans le désordre où nous sommes tombés, ces pensées isolées se rectifient par l'expérience des temps que nous avons parcourus; et ensuite, ce qui est incomplet dans un tel ouvrage ne diminue point le prix des vues sages et lumineuses qui y sont multipliées. On verra combien nous nous sommes éloignés, à force de *réformes*, de cette ré-

forme savante et religieuse qu'indiquoit l'abbé Fleury; et plus nous avons fait de progrès dans une éducation désordonnée, plus on sentira la nécessité de revenir à des systèmes de sagesse qui n'excluent point les perfectionnements, mais qui admettent d'abord la religion comme principe de la perfection.

Le *Traité des études*, souvent réimprimé, l'a toujours été avec quelques additions, qui se composoient de divers écrits de l'auteur. Celui qu'on retrouve à peu près dans toutes, est un discours sur Platon, suivi d'une traduction d'un fragment du Théétète. On remarque dans ce discours une profonde connoissance de la doctrine du philosophe grec; mais il ne nous paroît pas que cette étude minutieuse de ses opinions, soit aujourd'hui d'un grand intérêt. On peut admirer le génie de Platon; mais le temps est passé où l'on faisoit dépendre la supériorité des études philosophiques de la prééminence de ses idées, ou de celles d'Aristote, dans le système de l'enseignement. Devant le Christianisme, toutes ces grandes lumières sont bien éclipsées, et il ne faut considérer le travail de Fleury, que comme une marque de plus de ses connoissances variées, et de ses études profondes.

Un autre écrit, ajouté d'ordinaire au *Traité des Etudes*, c'est une histoire abrégée du droit public françois. Ce précis a de l'intérêt et même de l'utilité; mais il se rapporte à un objet d'études bien différent de l'objet qu'on s'est proposé en publiant une collection de livres propres à devenir un fonds de lectures pour les familles chrétiennes.

Enfin, il est un troisième ouvrage de Fleury, qui semble faire suite à celui qui est offert au public, c'est un *Mémoire pour les Etudes des Missions*. Cet ouvrage mérite sans doute d'être lu par les ouvriers courageux qui se dévouent à la conquête des ames; mais il n'est pas non plus d'une utilité universelle. On demande quelquefois, si c'est avec les armes de la dialectique ordinaire que les missionnaires doivent entreprendre leurs périlleux combats; s'ils doivent marcher avec la logique de Port-Royal, ou avec celle d'Aristote, avec la méthode de Descartes, ou avec celle de Locke. Questions misérables, qui annoncent, qu'habitués à de vaines disputes, nous ne voyons pas que la religion n'est pas un objet de sophisme, qu'elle a sa règle invariable, qui est celle de la foi, et que la tradition et l'enseignement sont sa philosophie. C'est par la grâce que Dieu détermine les conversions, et sans doute il veut qu'elles soient aidées par la connoissance des vérités qu'il a révélées. Aussi tout se réduit en dernière analyse à cette communication. Les disputes qu'on voudroit faire, ne serviroient pas à grand chose, et l'abbé Fleury, dans cet ouvrage sur les études des missionnaires, a raison de commencer son chapitre sur la philosophie, par ces paroles : « C'est déja beaucoup, ce que vous reconnoissez, que les Indiens ne comprennent rien à la philosophie de nos écoles. Si l'on vouloit y prendre garde, et parler de bonne foi, on verroit que les Français n'y comprennent guère davantage, comme je l'ai ouï plusieurs fois avouer à plusieurs hommes de bon sens, qui n'étoient point accoutumés à ce jargon. Ceux même qui y sont accoutumés, s'imaginent souvent entendre ce qu'ils ont coutume de dire, ou sont honteux d'avouer qu'ils n'entendent pas ce qu'ils ont étudié long-temps. »

Ces judicieuses paroles ôtent un peu de son importance à l'ouvrage même de Fleury. Mais, d'ailleurs, il a un objet particulier qui n'entre point dans la pensée générale qu'on s'est proposée en faisant une collection de livres chrétiens. Il faut donc se renfermer dans le *Traité des études*, ouvrage rempli d'intérêt, inspiré par des pensées d'amélioration, et qui, dans le temps où nous sommes, mérite de servir de règle aux écoles, comme aux familles chrétiennes.

LAURENTIE.

TRAITÉ
DU CHOIX ET DE LA MÉTHODE
DES ÉTUDES.

DE L'ORIGINE ET DES PROGRÈS DES ÉTUDES, DU CHOIX QUE L'ON PEUT FAIRE DES SCIENCES, ET DE LA MÉTHODE D'ENSEIGNER ET D'ÉTUDIER.

CHAPITRE PREMIER.

Dessein de ce Traité.

Il est difficile de juger si les études sont aujourd'hui plus estimées que méprisées parmi nous : il semble qu'elles soient fort estimées, à voir le grand nombre des universités et des colléges, les revenus et les priviléges que l'on a attribués aux professeurs et aux écoliers, la multitude des jeunes gens qui fréquentent les écoles publiques, et celle des précepteurs et des maîtres qui enseignent en particulier : il n'y a guère que les pauvres, à qui le travail de leurs enfants est nécessaire, qui ne les envoient pas aux écoles ; encore plusieurs font-ils de grands efforts pour les y entretenir. Ceux dont la fortune est un peu commode leur font au moins commencer leurs études ; et pour les gens de qualité, il leur seroit honteux de n'avoir pas été au collége avant que d'entrer à l'académie. On voit des bibliothèques nombreuses, non seulement dans les communautés, mais encore dans les maisons particulières, et tous les jours il s'imprime des livres nouveaux. C'est un reproche sensible aux ecclésiastiques et aux gens de robe, de les accuser d'ignorance; et plusieurs, sans y être engagés par leur profession, passent leur vie à étudier les humanités, l'histoire, les mathématiques, la philosophie ou d'autres sciences. Il s'est formé de notre temps des académies de gens de lettres que le prince a honorées de sa protection, et même de ses bienfaits. Ne semble-t-il pas à voir tout cela que les études soient fort estimées en France ?

Cependant, pour ne nous pas flatter, il faut convenir que dans le grand monde, et parmi les gens polis, on se donne souvent la liberté de railler et les écoliers et les maîtres.

Comme ce n'est pas au collége que l'on apprend la vraie politesse et les manières agréables, les femmes, qui sont fort sensibles à cet extérieur, et les jeunes gens, naturellement moqueurs, tournent volontiers en ridicule tout ce qui sent l'école : il semble qu'ils veuillent se venger de la contrainte qu'ils y ont soufferte, et que les femmes veuillent autoriser leur ignorance en méprisant ce qu'elles n'ont pas appris.

Il en est de même à proportion des gens d'épée, ils ne croient pas être obligés à avoir aucune étude, et soit en se méprisant eux-mêmes par ironie, soit en méprisant ouvertement les gens de lettres, ils font assez entendre qu'ils ne croient pas en valoir moins pour être ignorants.

Il y a plus : les hommes les plus sensés, et qui ont le mieux étudié, se plaignent de plusieurs défauts qu'ils remarquent dans nos études; ils voient qu'après que leurs enfants ont été huit ou dix ans au collége, il en reste peu de chose qui leur soit véritablement utile, et qu'ils ont encore bien du chemin à faire pour se rendre capables de régler leurs mœurs, de conduire leurs affaires, de se bien acquitter de tous leurs devoirs de la vie, en un mot, pour devenir habiles gens et honnêtes gens.

Les défauts de ceux qui enseignent et qui font profession de science, contribuent encore souvent à la faire mépriser. On y voit de la bassesse, de l'attachement à de petits intérêts, de la vanité, de la jalousie. Comme on se scandalise des imperfections des dévots, ainsi on est choqué des défauts des savants; et ceux qui ne sont pas assez retenus dans leur jugement, font aisément passer à la profession l'aversion qu'ils ont des personnes; ils méprisent donc les lettres, parce qu'ils voient de savants ou des gens qui passent pour l'être importuner tout le monde des plaintes de leur mauvaise fortune et de l'injustice du siècle, vouloir toujours enseigner et dire ce qu'on ne leur demande pas, et être avides de louanges, incivils et capricieux ; et quoique l'on trouve partout une infinité d'ignorants qui sont plaintifs, grands parleurs, fantasques et grossiers, on ne laisse pas d'attribuer plutôt ces défauts aux savants, parce qu'on les remarque plus en des gens qui ont quelque avantage qui les distingue. Cependant, quoi que l'on puisse dire, la véritable science et les études solides qui y conduisent seront toujours estimées, même par les ignorants. Il n'y a personne qui ne fasse cas d'un homme qui parle bien sa langue, et qui l'écrit correctement, qui est bien instruit de sa religion et des lois de son pays ; qui sait bien conduire ses affaires et donner aux autres de bons conseils ; qui raisonne juste sur toutes les choses qu'il connoît, et sait tellement faire valoir ses raisons, qu'il amène les autres à son sentiment : on ne pourra s'empêcher d'avoir de l'estime pour un tel homme, et on passera jusqu'à l'admiration, s'il a de plus la connoissance de plusieurs langues, en sorte qu'il puisse servir d'interprète aux étrangers; si connoissant l'histoire de son pays et des pays voisins, il sait démêler les intérêts des princes et l'origine de leurs prétentions; s'il connoît la géographie, le système du monde et l'histoire naturelle; s'il sait les mathématiques, principalement les parties qui servent à l'architecture, aux fortifications et à la navigation, comme la géométrie et les mécaniques; s'il a une grande connoissance des arts utiles à la vie, ou même de ceux qui la rendent plus agréable, comme la peinture, la musique et la poésie.

Mais quand on voit un homme qui passe sa vie à étudier le latin ou le grec, et qui ne parle pas bien françois; qui sait l'histoire, les mœurs, et les lois des anciens Romains, et qui ne sait point comment la France est gouvernée, ni comment on y vit aujourd'hui; qui prétend savoir toutes les finesses du raisonnement, et toutefois ne persuade personne, tant ses raisonnements sont fondés sur des principes inconnus et exprimés en des termes hors d'usage, je ne m'étonne point qu'un tel homme ne soit point fort estimé, principalement s'il a d'ailleurs en ses mœurs quelqu'un des défauts que j'ai marqués. Ce ne sont donc pas les études qui sont méprisées, c'est le mauvais choix et la mauvaise méthode.

Ce qui paroît surprenant, est que ce désordre semble être autorisé dans les écoles publiques. On n'y enseigne la grammaire et la rhétorique qu'en latin [1]; on n'y fait

---

[1] Ceci n'est plus applicable au temps présent; mais il y a d'autres vices à signaler dans nos écoles. On y enseigne à peu près tout, et le latin est loin d'être l'objet exclusif des études; mais les études en devenant universelles sont devenues superficielles, et un autre genre de pédantisme a succédé à l'ancien; nous avons le pédantisme de la suffisance, au lieu d'avoir le pédantisme du savoir. Fleury proposeroit aujourd'hui une autre réforme; elle auroit pour objet de donner de la simplicité à la jeunesse et d'empêcher le triste effet d'une précocité trompeuse et qui ne tient rien de ce qu'elle promet.

L..

lire que des historiens et des poètes latins ; ce qu'on y appelle philosophie, ne sert guère à ceux qui l'apprennent le mieux, ni plus forts en raisonnements, ni plus vertueux, ni plus savants dans les secrets de la nature, et ce n'est que depuis peu d'années que l'on enseigne publiquement le droit françois. Ne devons-nous pas respecter cet ordre d'études établi depuis tant de siècles, et croire que s'il y en avoit un meilleur, on l'auroit trouvé depuis le temps qu'il y a des gens qui enseignent et qui étudient. Cette autorité est grande, je l'avoue ; mais l'expérience sensible que nous faisons tous les jours du peu de fruit de ces études, est encore plus convaincante.

Examinons donc un peu de plus près le cours réglé de nos études ; voyons s'il est encore tel qu'il a été établi sur des raisons solides et de longues expériences, ou s'il n'a point été altéré par la longueur du temps et par le changement des mœurs, qui a souvent rendu inutile ce qui avoit été très sagement institué dans l'origine.

Encore que je prétende ne traiter que des études qui se font en particulier, et ne donner des avis qu'à ceux qui instruisent les enfants dans les maisons, et qui sont libres de suivre la méthode qui leur paroît la meilleure, j'ai cru toutefois nécessaire de considérer d'abord le cours d'études que nous trouvons établi dans les écoles publiques, afin de nous y conformer le plus qu'il nous sera possible. Mais pour bien connoître cet ordre de nos études publiques, il est bon, ce me semble, de remonter jusques à la source : de voir d'où chaque partie nous est venue, et comment le corps entier s'est formé dans la suite de plusieurs siècles.

CHAPITRE II.

Histoire des études des Grecs.

La *grammaire*, la *rhétorique* et la *philosophie* viennent des Grecs : les noms mêmes de ces études le font voir. Des Grecs elles ont passé aux Romains, et des

Romains jusques à nous [1]. Or les Grecs avoient grande raison de s'appliquer à ces trois sortes d'études, de la manière qu'ils les prenoient. Par la *grammaire*, ils entendoient premièrement la connoissance des lettres, c'est-à-dire l'art de bien lire et de bien écrire, et par conséquent de bien parler. Il étoit fort à propos de savoir lire, écrire et parler correctement en leur langue, et c'est où ils se bornoient : car ils n'en apprenoient point d'étrangères. Sous le nom de *grammaire*, ils comprenoient encore la connoissance des poètes, des historiens et des autres bons auteurs, que leurs grammairiens faisoient profession d'expliquer : et il est aisé de voir combien cette étude leur étoit utile. Au commencement ils n'avoient point d'autres livres que leurs poètes, et ils y trouvoient toutes sortes d'instructions. Toute leur religion et toute leur histoire y étoient contenues; car ils n'avoient point encore de traditions plus certaines que ces fables qui nous paroissent aujourd'hui si ridicules; et pour

---

[1] *Arist.* 8, *Pol.*, c. 3; *Plat.* 7, *leg. pag.* 809.

la religion, les poètes étoient leurs prophètes : ils les regardoient comme les amis des dieux et comme des hommes inspirés, et avoient pour leurs ouvrages un respect approchant, si j'ose en faire la comparaison, de celui que nous avons pour les saintes écritures. De plus, ils y trouvoient des règles pour leur conduite, et des peintures naïves de la vie humaine : et ils avoient cet avantage, que ces livres si pleins d'instruction étoient parfaitement bien écrits; en sorte qu'ils divertissoient le lecteur, et qu'outre le fond des choses, il y apprenoit à bien parler sa langue, et à exprimer noblement ses pensées [1]. Enfin tous leurs vers étoient faits pour être chantés, et leur plus ancienne étude étoit la musique, afin d'avoir de quoi se divertir et s'occuper honnêtement dans leur loisir, en chantant et en jouant des instruments.

La *rhétorique* et la *philosophie* vinrent plus tard, et commencèrent toutes deux à peu près en même temps : selon les différentes applications des hommes d'esprit,

---

[1] *Plat.* 3, *rep. Aristoph. nub.*

dont les uns s'engagèrent dans les affaires, les autres s'en retirèrent, pour se donner tout entiers à la recherche de la vérité. La manière dont les républiques grecques se gouvernoient par assemblées dans les theâtres, où tout le peuple décidoit les affaires, obligea ceux qui vouloient se rendre puissants, ou par ambition ou par intérêt, de chercher avec soin le moyen de persuader au peuple ce qu'ils vouloient. Outre les harangues publiques, ils s'appliquèrent aussi à plaider devant les juges des causes particulières, pour se faire des amis, et pour s'exercer à parler. Ainsi l'éloquence devint un moyen plus sûr de s'avancer, que la valeur et la science de la guerre; parce qu'un grand capitaine, s'il ne parloit bien, avoit peu de pouvoir dans les délibérations; et un orateur, sans être brave, formoit ou rompoit les entreprises. Les rhéteurs furent donc de ces gens actifs que les Grecs nommoient *politiques*.

Les spéculatifs, que l'on nomma *Sophistes*, et puis *Philosophes*, s'appliquèrent d'abord à connoître la nature, tant des choses célestes, que de celles que l'on voit sur la terre ; c'est-à-dire qu'ils furent astronomes et physiciens [1]. Mais Socrate s'étant avisé de laisser toutes les recherches de ce qui est hors de nous, et de s'appliquer à ce qui peut rendre l'homme meilleur en lui-même, se renferma à cultiver principalement son ame, afin de raisonner le plus juste qu'il lui seroit possible, et régler sa vie suivant la plus droite raison. Ainsi il ajouta à la philosophie deux autres parties, *la logique* et *la morale*. De son temps et du temps de ses premiers disciples, la philosophie aussi bien que la rhétorique étoient des occupations sérieuses et continuelles d'hommes mûrs et formés, et non pas des études passagères de jeunes gens. Les plus nobles et les plus considérables s'en faisoient honneur. Pythagore étoit de race royale. Platon descendoit du roi Codrus par son père, et de Solon par sa mère. Xénophon fut un des plus grands capitaines de son siècle ; et depuis ce temps les lettres furent tellement honorées, et devinrent si bien la marque

---

[1] *Cicer.* 1, *Academ. c. quœst.*, c. 4.

des gens de qualité, que le nom d'*idiot*, qui ne signifie en grec qu'un particulier, se prit non pas pour un stupide comme aujourd'hui, mais pour un ignorant et un homme mal élevé, comme sont la plupart des gens du commun.

Les cours des rois d'Egypte, de Syrie et de Macédoine, successeurs d'Alexandre, étoient pleines de grammairiens, de poètes, et de philosophes. Aussi est-il fort raisonnable en quelque pays que ce soit, que ceux-là s'appliquent aux sciences, qui ont le plus d'esprit et de politesse, que leur fortune délivre du soin des nécessités de la vie, qui ont le plus d'esprit et de loisir, ou qui, étant appelés aux grandes affaires, ont plus d'occasion d'être utiles à tous les autres, et plus de besoin d'étendre leur esprit et leurs connoissances.

CHAPITRE III.

Études des Romains.

Les Romains furent instruits par les

Grecs et les imitèrent le plus qu'ils purent, jusques à apprendre communément leur langue, ce que nous ne voyons pas qui eût été encore pratiqué dans le monde. Ni les Hébreux, ni les Egyptiens, ni les Grecs, n'apprenoient point de langue étrangère pour être comme l'instrument de leurs études. Il est vrai que le grec étoit une langue vivante et la langue de commerce de la mer Méditerranée et de tout l'Orient, ce qui la rendoit nécessaire pour les voyages, pour le trafic, et pour toutes les affaires du dehors. Il étoit même facile aux Romains de l'apprendre par la quantité de Grecs libres ou esclaves qui étoient répandus partout, et par le voisinages des colonies grecques d'Italie [1]. Les Romains eurent donc cette étude de plus que les Grecs; et d'abord ils y joignirent la *grammaire*, qu'ils n'apprenoient que comme les Grecs l'avoient faite, c'est-à-dire par rapport à la langue grecque. Depuis ils s'appliquèrent au latin, qui alors se purifia, se fixa, et vint à sa perfection. Mais quand les Romains com-

---

[1] *Suet. de illustr. Gramm. init.*

mencèrent à étudier, les études des Grecs avoient déja fort changé. L'autorité des poètes étoit fort déchue [1], parce que les physiciens avoient détrompé le monde des fables, et décrédité parmi les gens d'esprit leur fausse religion, qui n'avoit point d'autre fondement que des traditions incertaines et des impostures grossières. Les Grecs avoient commencé d'écrire des histoires véritables depuis les guerres des Perses, et ils avoient acquis une grande connoissance de la géographie depuis les conquêtes d'Alexandre [2]. Enfin les philosophes socratiques enseignoient une morale bien plus pure que les poètes. On ne laissoit pas de les estimer encore beaucoup et de les regarder, sinon comme des hommes divins, au moins comme de grands hommes, et comme les premiers philosophes. On y voyoit toujours des sentiments fort utiles, et de fort belles images de la nature. Ils étoient toujours agréables à lire, à réciter, à chanter : les cérémo-

---

[1] *Lucret.*
[2] *Plat.* 2, *repub. in fin. et* 3.

nies de la religion en conservoient l'usage; leur antiquité et la coutume de les vanter, ne servoient pas peu à les soutenir.

La *rhétorique* même et la *philosophie*, qui étoient alors les études les plus solides, avoient bien dégénéré sous la domination des Macédoniens [1]. Les villes grecques, même celles qui étoient demeurées libres, n'avoient plus de grandes affaires à mettre en délibération comme auparavant. Les orateurs employoient souvent leur éloquence à flatter les princes, ou à se faire admirer eux-mêmes. D'ailleurs, comme on avoit vu la grande utilité de cet art, on avoit voulu le faire apprendre aux jeunes gens : et il s'étoit formé pour l'enseigner, un genre de maîtres, que l'on appela proprement *rhéteurs*, qui, n'ayant pas assez de génie pour la véritable éloquence, se réduisoient à ce métier, dont ils subsistoient. Ce sont eux qui ont formé cet art, que l'on appelle encore rhétorique, ou du moins qui l'ont chargé de ce détail infini de petits préceptes que nous voyons dans

Cic. de Orat., c. 5.

leurs livres. Ce sont eux qui ont introduit les déclamations sur des sujets inventés à plaisir, et souvent peu vraisemblables, exerçant les jeunes gens à parler sans rien savoir, seulement pour faire paroître de l'esprit. Ce qui a produit enfin la fausse éloquence des siècles suivants, et ces discours généraux si pleins de paroles et si vides de choses. Ce mal s'étendit principalement en Asie, où les Grecs étoient moins libres et plus éloignés de leur origine : et ce fut à Athènes que le bon goût de l'éloquence et des beaux arts se conserva le plus long-temps [1].

La *philosophie* étoit devenue un prétexte de fainéantise, et une guerre continuelle de disputes inutiles. Aristote ne s'étoit pas contenté de ce qui étoit d'usage dans la dialectique, il en avoit poussé la spéculation jusques à la dernière exactitude. Il s'étoit aussi fort appliqué à la métaphysique, et aux raisonnements les plus généraux. Tant de gens parloient de morale, que comme il y en avoit peu qui la

[1] *Cic. de opt. gen. orat.*

pratiquassent, ils l'avoient rendue ridicule; car plusieurs faisoient servir la profession de philosophe à de petits intérêts, comme de faire leur cour aux princes curieux, ou de gagner de l'argent; et ceux qui cherchoient la sagesse le plus sérieusement, se décrioient fort par la multitude de leurs sectes ; car ils se traitoient tous d'insensés les uns les autres. Les Romains voyant les Grecs en cet état, méprisèrent long-temps les études, comme des jeux d'enfants, et des amusements de gens oisifs; car pour eux ils s'appliquoient uniquement aux affaires [1]. Chacun travailloit à augmenter son patrimoine par l'agriculture, le trafic, et l'épargne : et tous ensemble procuroient l'accroissement de l'état, en s'appliquant à la guerre et à la politique.

Or, quoiqu'ils aient voulu faire croire qu'ils avoient tiré de leur fond cette frugalité, cette discipline militaire, et cette fermeté dans leur conduite, qui les ont rendus si puissants, leur propre histoire fait voir qu'ils avoient déjà beaucoup appris

---

[1] *Cato de re rust. init.*

des Grecs, avant qu'il y eût en Grèce ni orateurs ni philosophes de profession. Le premier Tarquin étoit Corinthien d'origine, et il avoit instruit Servius Tullius. Pythagore vivoit du temps de ce dernier, et il est bien vraisemblable que quelqu'un de ses disciples eut commerce avec les Romains, tant leur vie sévère et frugale avoit de rapport avec cette philosophie italique. Enfin il est certain qu'ils apportèrent de Grèce les lois des douze tables, que Cicéron estimoit plus que tous les livres des philosophes. Comme ils s'appliquoient fort à ces lois, et à leurs affaires domestiques, il se forma chez eux une étude qui leur fut particulière, et qui dura autant que leur empire : c'est *la jurisprudence*, que nous ne voyons point qu'aucune nation eût encore cultivée. Ce n'est pas que les Grecs ne fussent fort appliqués à l'étude des lois; mais c'étoit plutôt en orateurs qu'en jurisconsultes [1]. Je vois qu'ils en savoient fort bien la disposition, qu'ils en pénétroient même les raisons, et qu'ils les

---

[1] *V. Euseb. in Crestph.*

appliquoient fort à propos aux affaires publiques et particulières : mais je ne vois point qu'ils aient eu des gens qui fissent profession de les expliquer aux autres, et de donner des conseils, ni qu'ils aient écrit des commentaires sur leurs lois [1]. Car pour les formules, il est certain que les orateurs grecs en laissoient le soin à de petites gens, qu'ils appeloient *Pragmatiques* ou *Praticiens*. Il est vrai qu'il y avoit eu en Grèce des législateurs et des philosophes, qui avoient étudié les lois d'une manière plus noble, et plus étendue, puisqu'il est bien d'un plus grand génie de faire tout un corps de lois, que de les appliquer au détail des moindres affaires ; et ils avouoient que cette science si utile leur étoit venue d'Egypte et d'Orient, aussi-bien que toutes les autres. Pour revenir à Rome, jusques à la fin du sixième siècle de sa fondation, on n'y enseignoit aux enfants qu'à lire, à écrire et à calculer [2]. Les hommes étudioient les lois et les formules,

---

[1] *Cic. pro Mur.*
[2] *Horat.* 2, *epist.* 1.

ou médiocrement pour leur usage particulier, ou plus curieusement pour donner des conseils aux autres et acquérir de la réputation et du crédit. Ce ne fut qu'après la seconde guerre punique, qu'ils commencèrent à entrer dans les curiosités des Grecs, à apprendre communément leur langue, et à lire leurs ouvrages. Encore y eut-il d'abord quelques ordonnances du sénat contre les rhéteurs et les philosophes de profession, comme contre les gens qui introduisoient des nouveautés dangereuses [1].

Les Romains s'appliquèrent aux études des Grecs suivant leur génie, c'est-à-dire qu'ils y cherchèrent ce qu'il y avoit de meilleur, de plus solide et de plus utile pour la conduite de la vie [2]. Le vieux Caton, Scipion et Lélius n'étoient pas des gens à se charger de bagatelles. Ils étudioient les historiens et les orateurs pour profiter des beaux exemples et des bonnes maximes des anciens Grecs, et apprendre à parler aussi fortement sur les affaires de

---

[1] *Gell.* 15, *c.* 11.
[2] *Suet. de illust. gramm. et de clar. rhetor. init.*

Rome, que Périclès et Démosthène avoient parlé sur celles d'Athènes; se gardant bien d'imiter les Grecs de leur temps, ni s'arrêter aux vétilles des grammairiens et des rhéteurs. Ils craignoient même, (Cicéron le dit des plus grands orateurs de son temps [1];) ils craignoient, dis-je, que l'on ne s'aperçût qu'ils avoient étudié des livres des Grecs, de peur que l'on ne crût qu'ils les estimoient trop, et que la réputation de savants ne rendît leurs discours suspects d'artifice.

Les sages Romains vinrent ensuite à la philosophie, et y prirent les principes et les raisons de la morale et de la politique, dont ils avoient déjà beaucoup d'expérience et d'exemples domestiques; enfin, ils surent aussi prendre ce qu'il y avoit de meilleur dans les poètes. De là vinrent tant de grands orateurs dans le dernier siècle de la république depuis les Gracches jusqu'à Cicéron; et ceux que l'on peut appeler les philosophes romains, comme Atticus, Caton d'Utique et Brutus.

---

[1] *Cic. de orat.*, 2 *init.*

Mais l'établissement de la monarchie ayant ôté à Rome la matière de la grande éloquence, et les motifs qui l'excitaient, puisque ce n'était plus le peuple qui décidait les affaires publiques, et qui donnait les grands emplois, la poésie prit le dessus, et fleurit sous le règne d'Auguste [1]. Il est vrai qu'elle tomba bientôt après, n'ayant plus rien de solide qui la soutînt, et n'étant considérée que comme un jeu et un exercice d'esprit. Ainsi au bout d'environ deux cents ans les études des Romains revinrent au même état où ils les avoient trouvées chez les Grecs. Tout étoit plein de petits grammairiens, de rhéteurs et de déclamateurs fades, de philosophes hableurs, d'historiens et de poètes qui fatiguoient le monde en récitant leurs ouvrages [2]. Il n'y eut que la jurisprudence qui se conserva toujours, parce qu'elle étoit toujours nécessaire, et qu'elle dépendoit moins de la forme du gouvernement que des mœurs des particuliers. Il y

[1] *V. Dial. de caus. corr. eloq.*
[2] *Juven. sat.* 1.

eut aussi quelques véritables philosophes, quand on ne compteroit que l'empereur Marc-Aurèle, et plusieurs particuliers dont il est parlé dans les épîtres de Pline. Mais ces philosophes passoient plus pour Grecs que pour Romains : la plupart même portoient l'habit grec, en quelque pays qu'ils demeurassent, et de quelque nation qu'ils fussent.

CHAPITRE IV.

Études des Chrétiens.

Cependant s'établissoit une philosophie bien plus sublime, je veux dire la religion chrétienne, qui fit bientôt évanouir cette philosophie purement humaine, et décria encore plus les autres études moins sérieuses [1]. La principale étude des chrétiens étoit la méditation de la loi de Dieu et de toutes les saintes Écritures, suivant la

[1] *Const. Apost.* 1, c. 6.

tradition des pasteurs qui avoient fidèlement conservé la doctrine des Apôtres. Ils appeloient tout le reste, *Etudes étrangères* ou *extérieures*, et les rejetoient, comme faisant partie des mœurs des païens [1]. En effet, la plupart de leurs livres étoient inutiles ou dangereux. Les poètes étoient les prophètes du diable, qui ne respiroient que l'idolâtrie et la débauche, et faisoient des peintures agréables de toutes sortes de passions et de crimes [2]. Plusieurs philosophes méprisoient toute religion en général, et nioient qu'il pût y avoir des miracles et des prophéties; d'autres s'efforçoient d'appuyer l'idolâtrie par des allégories sur des choses naturelles, et par les secrets de la magie. De plus, leur morale étoit remplie d'erreurs, et rouloit toute sur ce principe d'orgueil, que l'homme peut se rendre bon lui-même [3]. Les orateurs étoient pleins d'artifices, de mensonges, d'injures ou de flatteries; et

---

[1] *V. Tertull. idol., cap.* 10, *etc.*
[2] *V. Aug., ep.* 132, *ad memoriam.*
[3] *Ep.* 56, *ad Diosc.*

les sujets les plus solides de leurs discours étoient les affaires dont les chrétiens ne cherchoient qu'à se retirer : ils auroient cru perdre le temps qui leur étoit donné pour acquérir l'éternité, s'ils l'eussent employé à la lecture des histoires étrangères, à des spéculations de mathématique, ou à d'autres curiosités : et toujours ils y voyoient le péril de la vanité, inséparable des études les plus innocentes. Ainsi la plupart des chrétiens s'appliquoient au travail des mains et des œuvres de charité envers leurs frères. Leurs écoles étoient les églises où les évêques expliquoient assidument les saintes Ecritures. Il y avoit aussi des prêtres et des diacres occupés particulièrement à l'instruction des catéchumènes, et aux disputes contre les païens; et chaque évêque prenoit un soin particulier de l'instruction de son clergé, principalement des jeunes clercs qui étoient continuellement attachés à sa personne pour lui servir de lecteurs et de secrétaires, le suivre et porter ses lettres et ses ordres. Ils apprenoient ainsi la doctrine et la discipline de l'Eglise, plutôt par une instruction domestique et un long usage, que par des leçons réglées.

On ne peut nier toutefois qu'il n'y eût plusieurs chrétiens très-savants dans les livres des païens, et dans les sciences profanes [1] : mais si l'on veut bien l'examiner, on trouvera que la plupart avoient fait ces études avant d'être chrétiens. Ils savoient les employer utilement pour la religion. Tout ce qu'ils y trouvoient de bon, ils le revendiquoient comme leur propre bien, parce que toute vérité vient de Dieu. Ils se servoient des bonnes maximes de morale qui se trouvent répandues dans les poètes et dans les philosophes, et des beaux exemples de l'histoire, pour préparer la voie à la morale chrétienne. Au contraire, ils prenoient avantage de l'absurdité des fables, et de l'impiété de la théologie païenne, pour la combattre par ses propres armes, et employoient aussi la connoissance de l'histoire pour les controverses contre les païens. C'étoit

[1] *Basil. de leg. gentil. lib.*

dans cette vue que Jules Africain avoit composé cette célèbre *Chronologie* dont Eusèbe a pris la sienne : c'est dans ce dessein, que le même Eusèbe a fait sa *Préparation évangélique ;* et S. Clément Alexandrin, son *Avis aux gentils* et ses *Stromates*. Depuis, les Ariens et les autres hérétiques, qui se servirent de la philosophie pour combattre la foi, obligèrent aussi les saints pères de l'employer, pour renverser leurs sophismes. Ainsi ils usoient des livres profanes avec une grande discrétion, mais avec une sainte liberté. D'où vient qu'ils regardèrent comme une nouvelle espèce de persécution, la défense que Julien l'Apostat fit aux chrétiens d'enseigner et d'étudier les livres des Grecs, c'est-à-dire des païens [1]. On voit qu'il y avoit dès-lors des chrétiens qui faisoient profession d'enseigner les lettres humaines, ce qui n'étoit pas permis dans les premiers temps, si nous en croyons Tertullien [2]. Mais les raisons qu'il allègue

---

[1] *Greg. Nazianz.*, orat. 3, *pag.* 96, *etc.*
[2] *Tertull. de idol.*, cap. 10.

avoient cessé depuis la conversion des empereurs et la liberté entière du christianisme. Cet heureux changement fit tomber dans le mépris les philosophes mêmes. S. Augustin[1] témoigne que de son temps on ne les entendoit plus discourir dans les gymnases, qui étoient leurs écoles propres; que dans celles des rhéteurs on racontoit encore quelles avoient été leurs opinions, mais sans les enseigner et sans expliquer leurs livres, dont même les exemplaires étoient rares : que personne n'osoit plus combattre la vérité sous le nom de *Stoïcien* ou d'*Epicurien;* et que pour être écouté, il falloit se couvrir du nom de *Chrétien*, ou se ranger sous quelque secte d'hérétiques. Ce n'est pas que S. Augustin même n'eût très-bien étudié tous les philosophes dans sa jeunesse; et on peut dire qu'il étoit un philosophe parfait, puisque jamais il n'y a eu un homme d'un esprit plus pénétrant, d'une méditation plus profonde, d'un raisonnement plus suivi. La plupart des Pères

---

[1] *Ep. ad Diosc.*

Grecs étoient grands philosophes. Mais ce qu'il y a de remarquable, c'est qu'entre les philosophes fameux de l'antiquité celui dont ils se servoient le moins étoit Aristote. Ils trouvoient qu'il ne parloit pas dignement de la Providence divine, ni de la nature de l'âme; que sa logique étoit trop embarrassée, et sa morale trop humaine : car c'est le jugement qu'en fait S. Grégoire de Nazianze [1]. Quoique Platon ait aussi ses défauts, les Pères s'en accommodoient mieux, parce qu'ils y trouvoient plus de traces de la vérité, et de meilleurs moyens pour la persuader. Au reste, il est évident que, s'ils méprisoient Aristote, ce n'étoit pas qu'ils ne pussent le bien entendre, et mieux sans doute que ceux qui l'ont tant élevé depuis.

Ce qui avoit le plus décrié la philosophie profane, c'est que l'on voyoit partout de vrais philosophes; c'étoit les bons chrétiens, particulièrement les moines. Ce mépris des honneurs, de l'opinion des hommes, des richesses et des plaisirs;

---

[1] *Greg. orat.* 33.

cette patience dans la pauvreté et dans le travail, que Socrate et Zénon avoient tant recherchée, et dont ils avoient tant discouru, les solitaires la pratiquoient, et beaucoup plus excellemment, sans disputer et sans discourir. Ils vivoient dans une tranquillité parfaite, vainqueurs de leurs passions, et continuellement unis à Dieu. Ils n'étoient à charge à personne; et sans écrire, sans presque parler, sans se montrer que rarement, ils instruisoient tout le monde par leur exemple et par l'odeur de leurs vertus. Il ne faut donc pas s'étonner de la grande vénération qu'ils s'attirèrent, ni juger de ces anciens moines par ceux que l'on voyoit avant les dernières réformes, dont le relâchement avoit rendu méprisable ce nom si honoré des anciens. Il faut songer que c'étoient de vrais disciples de S. Antoine, de S. Basile, de S. Martin et des autres Saints, dont ils pratiquoient les règles, et dont ils imitoient les vertus. Car les monastères étoient de véritables écoles, où l'on apprenoit, non pas les lettres humaines, et les sciences curieuses, mais la morale et la perfection chrétienne : et on l'apprenoit moins par la lecture que par l'oraison et la pratique effective, par les exemples vivants des frères, et par les corrections des supérieurs. Cette perfection des monastères y attiroit les hommes les plus sages et les plus raisonnables ; et souvent on étoit obligé de les y aller chercher pour le service et le gouvernement des églises. Ceux que l'on tiroit ainsi des monastères gardoient ordinairement les exercices de la vie monastique dans l'état du sacerdoce, et les enseignoient à leurs disciples; et de là vint l'alliance de la vie monastique avec la cléricature, qui fut si ordinaire depuis le cinquième siècle. Plusieurs évêques vivoient en commun avec leurs prêtres [1], ce qui leur donnoit plus de facilité de les instruire dans la science ecclésiastique : et pour les jeunes clercs, ceux qui n'étoient pas auprès de l'évêque, vivoient avec quelque saint prêtre, qui veilloit particulièrement à leur éducation. Il y avoit encore des écoles profanes où l'on

---

[1] *Thomass. disc.* 2. *p. l.* 1, *c.* 30, 34, 35, *etc.*

enseignoit la grammaire, pour la nécessité d'écrire et de parler correctement : la rhétorique, qui devenoit de jour en jour plus forcée et plus puérile : l'histoire, que l'on commençoit à réduire toute en abrégé: la jurisprudence, qui demeuroit toujours, ne dépendant non plus de la religion que du reste : et les mathématiques qui sont les fondements de plusieurs arts nécessaires à la vie.

Les études souffrirent une grande diminution par la ruine de l'Empire d'Occident, et l'établissement des peuples du Nord : et il n'en resta presque plus que chez les ecclésiastiques et les moines. En effet, il n'étoit guère demeuré de Romains, hors le clergé, que des paysans et des artisans serfs pour la plupart : les Francs et les autres barbares n'étudioient point, et s'ils avoient quelques usages des lettres pour le commerce de la vie, ce n'étoit qu'en latin; car ils ne savoient point écrire en leur langue. Les études profanes comme les humanités et l'histoire, furent les plus négligées [1]. Il n'étoit pas bienséant à des

[1] *Mœurs des Chrétiens*, num. 46.

ecclésiastiques de s'y occuper; et l'on sait avec quelle vigueur saint Grégoire[1] reprit Didier, évêque de Vienne, de ce qu'il enseignoit la grammaire. D'ailleurs ayant moins de livres et moins de commodités pour étudier, que dans les siècles précédents, ils s'appliquoient au plus nécessaire, c'est-à-dire à ce qui regardoit immédiatement la religion.

CHAPITRE V.

Études des Francs.

Charlemagne, véritablement grand en toutes choses, travailla de tout son pouvoir au rétablissement des études. Il attiroit de tous côtés les plus savants hommes par l'honneur et par les récompenses. Il étudioit lui-même. Il établit des écoles dans les principales villes de son empire, et même dans son palais, qui étoit comme une ville ambulatoire. On voit par plusieurs articles des Capitulaires, ce que l'on

[1] *Greg.* 9, *ep.* 48.

y enseignoit ; car il est recommandé aux évêques, que l'instruction de la jeunesse regarde par le devoir de leur charge, d'avoir soin que les enfants apprennent *la grammaire*, *le chant* et *le calcul*, ou *l'Arithmétique*. On voit dans les OEuvres de Bède, qui vivoit soixante ans auparavant, en quoi l'on faisoit consister ces études et tous les arts libéraux.

La *grammaire* étoit alors nécessaire, parce que le latin étoit déjà tout-à-fait corrompu, et la langue romaine, rustique ; c'est ainsi que l'on nommoit la langue vulgaire dont est venu notre françois ; cette langue, dis-je, n'étoit qu'un jargon informe et incertain, que l'on avoit honte d'écrire ou d'employer en quelque affaire sérieuse. Pour la langue tudesque, qui étoit celle du prince et de tous les Francs, on commençoit à l'écrire, on l'avoit employée à quelques versions de l'Ecriture sainte, et Charlemagne en faisoit lui-même une grammaire. Le *chant* que l'on enseignoit étoit celui de l'office ecclésiastique, qui fut réformé dans ce temps sur l'usage de Rome, et l'on y joignoit quelques règles de musique. Le *calcul* ou *comput* servoit à trouver en quel jour on devoit célébrer la Pâque, et à régler l'année; et comprenoit aussi les règles d'arithmétique les plus nécessaires. Tout cela fait voir que ces études n'étoient que pour ceux que l'on destinoit à la cléricature: aussi tous les laïques étoient ou des nobles qui ne se mêloient que de la guerre, ou des serfs occupés à l'agriculture et aux métiers. Charlemagne avoit eu soin de répandre par tous ses Etats le code des canons, qu'il avoit reçu du pape Adrien, la loi romaine, et les autres lois de tous les peuples de son obéissance, dont il avoit fait de nouvelles éditions. On avoit beaucoup d'histoires antiques; et il avoit eu la curiosité de faire écrire et recueillir les vers qui conservoient les belles actions des anciens Germains. Ainsi, avec l'Ecriture sainte et les Pères de l'Eglise, qui étoient encore fort connus, il ne manquoit rien pour l'instruction de ses sujets. Si l'on avoit continué d'étudier sur ce plan, et si les laïques avoient pris plus de part aux études, les François auroient pu facilement acquérir et perfectionner les connoissances les plus utiles pour la religion, pour la politique, et pour la conduite particulière de la vie, qui devroient, ce me semble, être le but des études.

Mais la curiosité qui les a toujours gâtées, s'y mêloit dès-lors. Plusieurs étudioient l'*astronomie*, et plusieurs croyoient aux prédictions des astrologues. Il y en avoit qui, pour bien écrire en latin, s'attachoient scrupuleusement aux mots et aux phrases des anciens auteurs. Le plus grand mal fut que les moines entrèrent dans ces curiosités, et commencèrent à se piquer de science, au préjudice du travail des mains et du silence, qui leur avoient été jusques-là si salutaires. La cour de Louis-le-Débonnaire en étoit pleine, et il n'y avoit point d'affaires où ils n'eussent part. Ensuite l'Etat étant tombé dans la plus grande confusion qui fût jamais, par la chute subite de la maison de Charlemagne, les études tombèrent aussi tout d'un coup. Du temps de Charles-le-Chauve on voit des actes publics, même des capitulaires, écrits d'un latin tout-à-fait barbare, sans règle et sans construction; et les livres étoient si rares, que Loup, abbé de Ferrières, envoyoit jusques à Rome pour emprunter du pape et faire copier des ouvrages de Cicéron, qui sont à présent très communs. De sorte que quand les petites guerres particulières, et les ravages des Normands, eurent ôté la liberté des voyages et rompu le commerce, les études devinrent très difficiles : je dis aux moines mêmes et aux clercs; car les autres n'y songeoient pas [1]. Encore ceux-ci avoient-ils des affaires bien plus pressantes. Il falloit souvent déloger en tumulte, et emporter les reliques, pour les dérober à la fureur de ces barbares, leur abandonnant les maisons et les églises, ou bien il falloit que les moines et les clercs prissent eux-mêmes les armes pour défendre leur vie, et empêcher la profanation des lieux saints. En de si grandes extrémités, il étoit aisé de perdre les livres, et difficile de les étudier et d'en écrire de nouveaux. Il s'en conserva toutefois, et il y eut tou-

[1] *Mœurs des Chrétiens*, 48.

jours quelque évêque ou quelque moine, qui se distingua par sa doctrine [1]. Mais comme ils manquoient et de livres et de maîtres, ils étudioient sans choix, et sans autre conduite que l'exemple de ceux qui les avoient précédés, ne cherchant au reste qu'à satisfaire leur curiosité ou à s'autoriser dans les affaires. Ainsi l'on remarque de S. Abbon, abbé de St-Benoît-sur-Loire, du temps de Hugues Capet, qu'il avoit étudié la dialectique, l'arithmétique et l'astronomie; qu'il se mit ensuite à étudier l'Ecriture sainte et les canons, à recueillir des passages des Pères, et que cette étude des canons avoit pour but de se défendre contre les entreprises de l'évêque d'Orléans.

Depuis ce temps, à mesure que l'autorité royale se rétablissoit, et que les hostilités diminuoient, les études se réveilloient aussi: et dès le règne de Philippe Ier vers l'an 1060, on voit des hommes renommés pour le savoir en plusieurs églises de France. On y voit même dès-lors quel-

---

[1] *Vita S. Abbon.*

ques écoles dans les cathédrales; on en voit dans les monastères, où il y avoit des écoles intérieures pour les moines, et d'extérieures pour les séculiers. On étudioit comme auparavant la théologie dans les Pères de l'Eglise, les canons, la dialectique, les mathématiques. Ils continuèrent pendant le siècle suivant, avançant et se perfectionnant toujours, comme nous voyons par les écrits d'Yves de Chartres, du Maître des sentences, de Gratien, de S. Bernard, et des autres auteurs du même temps, dont le style et la méthode est si différente des nouveaux scolastiques.

Cependant les premiers de ces scolastiques les suivent de si près, qu'il faut que le changement soit arrivé du temps même de ces grands hommes, c'est-à-dire vers la fin du douzième siècle; et je n'en puis trouver d'autres causes, que la connoissance des Arabes, et l'imitation de leurs études. Ce furent les Juifs qui les imitèrent les premiers. Ils traduisirent leurs livres en hébreu : et comme il y avoit alors des Juifs en France et par toute la chrétienté, on traduisit en latin ces livres, qu'ils avoient traduits de l'arabe. On en reçut des arabes mêmes, avec qui la communication étoit facile, par le voisinage de l'Espagne, dont ils tenoient encore plus de la moitié, et par les voyages des Croisades.

CHAPITRE VI.

Études des Arabes.

Il faut se désabuser de cette opinion vulgaire, que tous les Mahométans sans distinction aient toujours fait profession d'ignorance. Ils ont eu un nombre incroyable de gens renommés pour leur savoir, particulièrement des Arabes et des Persans; et ils ont écrit de quoi remplir de grandes bibliothèques. Dès le douzième siècle dont je parle, il y avoit plus de quatre cents ans qu'ils étudioient avec application, et jamais les études n'ont été si fortes chez eux, que lorsqu'elles étaient le plus foibles chez nous, c'est-à-dire dans le dixieme et le onzième siècle. Ces Arabes, je veux dire tous ceux qui se nommoient *Musulmans*, de quelque nation et en quelque pays qu'ils fussent, avoient deux sortes d'études, les unes qui leur étoient propres, les autres qu'ils avoient empruntées des Grecs, sujets des Empereurs de Constantinople.

Leurs études particulières étoient premièrement leur religion, c'est-à-dire l'Alcoran : les traditions qu'ils attribuoient à Mahomet et ses premiers disciples : les vies de leurs prétendus saints et les fables qu'ils en racontoient : les cas de conscience sur leurs pratiques de religion ; comme la prière, les purifications, le jeûne, le pélerinage : et leur théologie scolastique qui contient tant de questions sur les attributs de Dieu, sur la prédestination, le jugement, la succession du prophète : d'où viennent entre eux tant de sectes qui se traitent mutuellement d'hérétiques. D'autres étudioient l'Alcoran et ses commentaires, plutôt en jurisconsultes qu'en théologiens, pour y trouver les règles des affaires, et la décision des différents. Car ce livre est leur unique loi, même pour le temporel. D'autres s'appliquoient encore à leur histoire, qui avoit été écrite avec grand soin dès le commencement de leur religion et de leur empire, et qui a toujours été continuée depuis. Mais ils étoient fort ignorants des histoires plus anciennes, méprisant tous les hommes qui avoient été avant Mahomet, et appelant tout ce temps, *le temps d'ignorance*, parce que l'on avoit ignoré leur religion. Ils se contentoient des antiquités des Arabes, contenues dans les ouvrages de leurs anciens poètes, qui leur tenoient lieu d'histoire pour ces temps-là. En quoi on ne peut désavouer qu'ils n'aient suivi le même principe que les anciens Grecs, de cultiver leurs propres traditions toutes fabuleuses qu'elles étoient. Mais il faut reconnoître aussi, que leur poésie n'a jamais eu que des beautés fort superficielles : comme le brillant des pensées et la hardiesse des expressions. Ils ne se sont point appliqués à ce genre de poésie qui consiste en imitation, et qui est le plus propre à émouvoir les passions: et ce qui les en a éloignés a peut-être été le mépris des arts qui y ont du rapport, comme la peinture et la sculpture, que la haine de l'idolâtrie leur faisoit abhorrer. Leurs poètes étoient encore utiles pour l'étude de la langue Arabique; c'étoit alors la langue des maîtres et de la plupart des peuples dans tout ce grand empire; et encore aujourd'hui c'est la langue vulgaire de la plus grande partie, et partout la langue de la religion. Ils l'étudioient principalement dans l'Alcoran; et pour l'apprendre par l'usage vivant, les plus curieux alloient de toutes parts à la province d'Irac, et particulièrement à la ville de Bassora, qui étoit pour eux ce qu'étoit Athènes pour les anciens Grecs. Comme il y avoit alors des princes puissants en Perse, on écrivoit aussi en leur langue, et elle a été beaucoup plus cultivée depuis. Voilà les études qui étoient propres aux Musulmans, et qui étoient aussi anciennes que leur religion.

Celles qu'ils avoient empruntées des Grecs, étoient plus nouvelles de deux cents ans; car ce fut vers l'an 820 que le calife Almamon demanda à l'empereur de Constantinople les meilleurs livres Grecs, et les fit traduire en Arabe : on ne voit pas toutefois qu'ils se soient jamais appliqués à la langue grecque. Il suffisoit, pour la leur faire mépriser, que ce fût la langue de leurs ennemis. D'ailleurs, ils avoient en Syrie et en Egypte tant de chrétiens qui savoient l'Arabe et le Grec, qu'ils ne manquoient pas d'interprètes; et ce furent des chrétiens qui traduisirent les livres grecs en syriaque et en arabe, pour eux et pour les Musulmans. Entre les livres des Grecs, il y en eut grand nombre qui ne furent pas à l'usage des Arabes. Ils ne pouvoient connoître la beauté des poètes, dans une langue étrangère et d'un génie tout différent. Joint que leur religion les détournoit de les lire, ils avoient une telle horreur de l'idolâtrie, qu'ils ne se croyoient pas permis de prononcer seulement les noms des faux dieux; et entre tant de milliers de volumes qu'ils ont écrits, à peine en trouvera-t-on quelqu'un qui les nomme : ils étoient donc bien éloignés d'étudier toutes ces fables dont nos poètes modernes ont été si curieux; et la même superstition les pouvoit détourner de lire les historiens, outre qu'ils méprisent, comme j'ai dit, tout ce qui est plus ancien que Mahomet. Pour l'éloquence et la politique, qui sont nées dans les républiques les plus libres, la forme du gouvernement des Musulmans ne leur donnoit pas lieu d'en profiter : ils vivoient sous un empire absolument despotique, où il ne falloit ouvrir la bouche que pour flatter son prince et applaudir à toutes ses pensées, et où l'on n'étoit pas en peine de chercher ce qui étoit le plus avantageux à l'Etat et les manières de persuader, mais les moyens d'obéir à la volonté du maître.

Il n'y eut donc point d'autres livres des anciens qui fussent à leur usage que ceux des mathématiciens, des médecins et des philosophes : mais comme ils ne cherchoient ni politique ni éloquence, Platon ne leur convenoit pas; joint que pour l'entendre, la connoissance des poètes, de la religion et de l'histoire des Grecs est nécessaire. Aristote leur fut bien plus propre avec sa dialectique et sa métaphysique; aussi l'étudièrent-ils d'une ardeur et d'une assiduité incroyable. Ils s'appliquèrent encore à sa physique, principalement aux huit livres qui ne contiennent que le général; car la physique particulière, qui a besoin d'observations et d'expériences, ne les accommodoit pas tant. Ils ne laissoient pas d'étudier fort la médecine, mais ils la fondoient principalement sur des raisonnements généraux des quatre qualités et du tempérament des quatre humeurs, et sur les traditions des remèdes qu'ils n'examinoient point, et qu'ils mêloient d'une infinité de superstitions; au reste, ils n'ont point cultivé l'anatomie qu'ils avoient reçue des Grecs fort imparfaite : il est vrai qu'on leur doit la chimie, et ils l'ont poussée fort loin, s'ils ne l'ont même inventée; mais ils y ont mêlé tous les vices que l'on a tant de peine à en séparer encore à présent, la vanité des promesses, l'extravagance des raisonnements, la superstition des opérations, et tout ce qui a produit les charlatans et les imposteurs. De là ils passoient aisément à la magie et à toutes les sortes de divinations, où les hommes donnent naturellement quand ils ignorent la physique, l'histoire et la véritable religion, comme on a vu par l'exemple des anciens Grecs. Ce qui les aida fort dans ces illusions, fut l'astrologie, qui étoit le but principal de leurs études de mathématiques; en effet, on a tant cultivé cette prétendue science sous l'empire des Musulmans, que les princes en faisoient leurs délices, et régloient sur ce fondement leurs plus grandes entreprises. Le calife Almamon calcula lui-même les tables astronomiques qui furent fort célèbres; il faut avouer qu'ils ont beaucoup servi pour les observations et pour les autres parties utiles de mathématiques, comme la géométrie et l'arithmétique. On leur doit l'algèbre et le zéro pour multiplier par dix, qui a rendu les opérations d'arithmétique si faciles. Pour l'astronomie ils avoient les mêmes avantages qui avoient excité les anciens Egyptiens et les Chaldéens à s'y appliquer, puisqu'ils habitoient les mêmes pays, et ils avoient de plus toutes les observations de ces anciens, et toutes celles que les Grecs y avoient ajoutées.

Telle fut la manière de leurs études, et leurs motifs semblent n'avoir pas été de simplement chercher la vérité, de pousser les sciences à leur perfection, et les rendre utiles pour la vie, mais de faire fortune ou d'acquérir de la réputation. Plusieurs cherchoient à s'avancer auprès des princes pour en tirer des pensions et des présens, les uns par des poésies pleines de flatteries, de galanteries amoureuses, de moralités générales ou de prouesses de leurs anciens braves; les autres par l'astrologie, la magie, la chimie, et d'autres curiosités; les autres par la médecine, d'autres enfin par la connoissance des affaires pour travailler dans les Divans aux expéditions des lettres et des actes publics, et devenir Cadis ou Juges, Catebet ou Secrétaire, ou quelquefois arriver jusqu'à être Visirs.

Les Arabes qui s'appliquoient à étudier leur religion, pour servir les mosquées, et en posséder les revenus, car ils ont comme des bénéfices, et ceux-ci, aussi bien que les grammairiens, et les poètes, non seulement n'étoient point philosophes, mais étoient leurs ennemis déclarés, les décrioient et les faisoient passer pour des impies. En effet, il n'étoit pas difficile, pour peu que l'on raisonnât, de sapper par le fondement une religion qui n'est établie ni sur la raison, ni sur aucune marque de mission divine. Les philosophes étant donc exclus des fonctions de la religion, et des autres emplois utiles, cherchoient plus la réputation : ils la tiroient ou du nom des maîtres sous qui ils avoient étudié, ou de leurs grands voyages, ou de la singularité de leurs opinions. Un savant d'Espagne étoit toujours bien plus savant en Perse ou en Corasan, et il y avoit entr'eux une émulation merveilleuse; chacun s'efforçoit de se distinguer par quelque nouvelle subtilité de logique ou de métaphysique. Ce même esprit passa à toutes leurs études et à tous leurs ouvrages; ils ne s'appliquoient qu'à ce qui étoit le plus merveilleux, le plus rare, le plus difficile, aux dépens de l'agrément, de la commodité, et de l'utilité même.

Les François et les autres chrétiens Latins n'empruntèrent des Arabes que ce que les Arabes avoient emprunté des Grecs, c'est-à-dire la philosophie d'Aristote, la médecine et les mathématiques; méprisant leur langue, leurs poésies, leurs histoires et leur religion, comme les Arabes avoient méprisé celles des Grecs. Ce qui est de plus étonnant, c'est que nos savants ne négligèrent guère moins que les Arabes la langue grecque, si utile pour l'étude de la religion; car ce n'a été qu'au commencement du quatorzième siècle, que l'on a reconnu que les langues y pouvoient beaucoup servir, principalement pour travailler à la conversion des infidèles et des schismatiques; et ce fut dans cette vue que le concile de Vienne, tenu en 1315, ordonna que l'on établiroit des professeurs pour le Grec, l'Arabe et l'Hébreu; ce qui n'a eu son exécution que long-temps après. On n'a commencé à étudier le Grec que sur la fin du quinzième siècle, l'Hébreu au commencement du seizième, et l'Arabe dans notre siècle, encore n'y a-t-il que quelque peu de curieux qui s'y soient appliqués, et ils n'ont guère travaillé sur les livres d'histoires qui seroient les plus utiles.

CHAPITRE VII.

Études Scolastiques.

Pour revenir au douzième siècle, ceux qui étudioient alors n'avoient garde d'être curieux de langues étrangères, puisqu'ils ne l'étoient pas même du Latin, dont ils se servoient pour les études et pour toutes les affaires sérieuses. Mais je ne puis en accuser que le malheur de leur temps : les courses des Normands, et les guerres particulières qui duroient encore, avoient rendu les livres si rares et les études si difficiles, qu'ils travailloient à ce qui pressoit le plus : on n'imprimoit point encore, et il n'y avoit guère que des moines qui écrivissent. Ils étoient fort occupés à écrire des bibles, des psautiers et d'autres livres semblables pour l'usage des églises. Ils écrivoient quelques ouvrages des Pères, selon qu'ils leur tomboient entre les mains ; quelque recueil de canons, quelques formules des actes les plus ordinaires dans le commerce des affaires ; car c'étoit à eux que l'on s'adressoit pour les faire écrire, et c'étoit d'entr'eux ou d'entre les clercs, que les princes tiroient leurs notaires et leurs chanceliers. Il ne leur restoit guère de temps pour transcrire des Historiens profanes et des poètes, joint à ce qu'ils avoient encore quelque tradition du mépris des anciens chrétiens, et particulièrement des moines, pour tous les livres des païens. Il est vrai que la connoissance des langues et de l'histoire est nécessaire pour entendre bien les Pères et l'Ecriture même ; mais ils ne s'en apercevoient pas, ou bien la difficulté incroyable d'acquérir ces connoissances par le manque de dictionnaires, de glossaires, de commentaires, et par la rareté des textes mêmes, leur en faisoit perdre l'espérance.

De là vient que ceux qui voulurent ajouter quelque chose à la simple lecture de l'Ecriture et des Pères, donnèrent dans le raisonnement et la dialectique, comme Jean le sophiste, premier auteur des Nominaux, qui vivoit dès le temps du roi Henri Ier : et ses sectateurs, Arnoul de Laon, et Roscelin de Compiègne, maître d'Abailard. Cette manière de philosopher sur les mots et sur les pensées, sans examiner les choses en elles-mêmes, étoit assurément commode pour se passer de la connoissance des faits, qui ne s'acquiert que par la lecture; et c'étoit un moyen facile d'éblouir les laïques ignorants, par un langage singulier et par de vaines subtilités. Mais ces subtilités étoient dangereuses, comme il parut par les erreurs de Bérenger, d'Abailard, et de Gilbert de la Poirée. C'est pourquoi les plus sages, comme S. Anselme, Pierre de Blois, et S. Bernard, se tinrent fermes à suivre l'exemple des Pères, rejetant ces nouvelles curiosités; et le Maître des Sentences, qui se donna plus de liberté, fit quelques fausses démarches.

Cependant les livres d'Aristote vinrent à être connus, comme j'ai dit; et soit pour les disputes contre les Juifs et contre les Arabes, soit par quelque autre raison que j'ignore, les théologiens crurent en avoir besoin, et l'accommodèrent à notre religion, dont ils expliquèrent et les dogmes et la morale, suivant les principes de ce philosophe. C'est ce qu'ont fait Albert le grand, Alexandre de Alès, S. Thomas et tant d'autres après eux. Il faut avouer que la force de l'autorité étoit grande en ce temps-là, ils sentoient l'ignorance de leur siècle, et avoient une grande opinion des siècles passés, quoiqu'ils n'en eussent qu'une connoissance confuse; de sorte que c'étoit assez qu'un auteur antique eût dit quelque chose pour le croire, ou du moins pour chercher à l'expliquer. Le maître des sentences et Gratien, chacun suivant son dessein, ne travaillant qu'à concilier les passages des Pères qui sembloient se contredire, ceux qui commencèrent dans le même temps à étudier le Droit Romain avoient grand soin d'accorder les lois qui paroissent opposées; ainsi, S. Thomas s'appliqua non seulement à concilier les autorités de l'Ecriture et des Pères, mais encore d'Aristote, de Cicéron, de Sénèque et de tous les anciens qu'il avoit lus. Ce fut donc alors que commença cette espèce de théologie que nous appelons scholastique, et que l'on peut compter pour la troisième, car il y en a deux plus anciennes. La première, celle des Pères de l'Eglise, qui étudioient l'Ecriture Sainte immédiatement, y puisant principalement les connoissances nécessaires pour instruire les fidèles, et pour réfuter les hérétiques : cette théologie dura jusque vers le huitième siècle. La seconde, fut celle de Bède, de Raban et des autres du même temps, qui ne pouvant rien ajouter aux lumières des Pères, se contentèrent de les copier, d'en faire des recueils et des extraits, et d'en tirer des gloses et des commentaires sur l'Ecriture : cette théologie dura jusques au douzième siècle, et c'étoit encore celle du maître des sentences ; les Grecs y sont demeurés et n'en ont point connu d'autre. La troisième fut celle des scholastiques, qui traitèrent la doctrine de l'Ecriture et des Pères par la forme et les organes de la dialectique et de la métaphysique, tirées des écrits d'Aristote, non pour la réfuter comme les anciens Pères, mais pour en tirer des preuves, et mirent son autorité comme le principe le plus solide après l'Ecriture et les Pères; c'est ainsi que la définit le cardinal du Perron [1].

Dans le même temps, se renouvelèrent les études de jurisprudence et de médecine; mais il étoit impossible alors de bien étudier la jurisprudence, puisque l'on manquoit de lois. La loi romaine et les lois barbares qui avoient été observées sous les deux premières races de nos rois, étoient abolies par des usages contraires, ou par l'oubli et l'ignorance. On n'étoit pas en état de faire de nouvelles lois, puisque l'on n'avoit pas encore rétabli les fondemens de la société civile, la liberté des chemins, la sûreté du commerce et du labourage, l'union des citoyens [2]. Les ro-

---

[1] *Perr. enchar.*, l. 3, c. 10.
[2] *V. Hist. du Droit Franç.*

turiers étoient ou serfs ou confondus avec les serfs. Les nobles vivoient dispersés et cantonnés chacun dans son château, toujours les armes à la main. Il n'y avoit autre droit en France, que des coutumes non écrites, très incertaines et très différentes par la prodigieuse quantité des seigneurs qui étoient en possession de rendre justice. Il est vrai que l'on venoit de retrouver en Italie les livres du droit de Justinien, et que l'on commençoit à l'enseigner publiquement à Montpellier et à Toulouse; mais ces lois n'étoient point des lois pour nous, puisque les Gaules étoient affranchies du joug des Romains avant que Justinien fût au monde. De plus, on ne pouvoit les bien entendre, dans l'ignorance où l'on étoit des langues et de l'histoire, ne s'en étant conservé chez nous aucune tradition, par la pratique des affaires, depuis six cents ans qu'elles étoient écrites. On ne laissa pas de les étudier et de les appliquer comme l'on put aux affaires présentes, et elles acquirent beaucoup d'autorité par ce grand nom de *Droit Romain*, et par le besoin extrême que l'on avoit de règles dans les jugements.

Le droit ecclésiastique n'étoit pas en si mauvais état, la pratique des canons s'étoit conservée, quoique la discipline commençât à se relâcher. On avoit plusieurs recueils des anciens canons, entre autres celui de Gratien, qui vivoit au milieu du douzième siècle. Il est vrai qu'ils étoient peu corrects, et qu'ils étoient mêlés avec quantité de passages des Pères, qui ne devoient point avoir force de lois, et avec ces décrétales, attribuées aux premiers papes, que l'on a enfin reconnu être supposées, et qui passoient alors pour authentiques, quoiqu'il n'y eût guère que trois cents ans qu'elles étoient fabriquées. Cette erreur qui a duré jusqu'à notre siècle, fait bien voir de quelle importance il est, pour conserver la tradition dans sa pureté, qu'il y ait toujours dans l'Eglise des personnes qui sachent les langues et l'histoire, et qui soient exercées dans la critique des auteurs. L'avantage qu'on a retiré de cette étude et de la théologie est, que la tradition s'est toujours conservée, et qu'il y a toujours eu quelque pratique des canons, quoiqu'elle commençât à s'affoiblir, et la discipline à se relâcher. Depuis ce temps on n'a plus consulté de source, ni connu d'autre corps de droit canonique, que le décret de Gratien.

La médecine fut encore plus maltraitée que la jurisprudence. Jusque là elle avoit été entre les mains des Juifs, hors quelques secrets de vieilles femmes et quelques traditions de remèdes, qui se conservoient dans les familles. Les premiers livres que l'on étudia furent ceux des Arabes, entre autres ceux de Mesué et d'Avicenne : on emprunta leur galimatias et leurs superstitions : on négligea comme eux l'anatomie, et on s'en rapporta à eux pour la connoissance des plantes. Comme il n'y avoit que des clercs et des moines qui étudiassent, il n'y avoit qu'eux aussi qui fussent physiciens, c'est-à-dire médecins. Fulbert, évêque de Chartres, et le maître des sentences, évêque de Paris, étoient médecins ; Obizo, religieux de S. Victor, étoit médecin de Louis-le-Gros ; Rigord, moine de S. Denis, qui a écrit la vie de Philippe-Auguste, l'étoit aussi. Un concile de Latran, tenu sous Innocent II en 1139, marque comme un abus déjà invétéré, que des moines et des chanoines réguliers, pour gagner de l'argent, faisoient profession d'avocats et de médecins. Ce concile ne parle que des religieux profès, et la médecine n'a pas laissé de demeurer entre les mains des clercs encore trois cents ans; en sorte que l'on ne permettoit pas à des gens mariés d'être docteurs-régents; il est vrai que l'on ne vouloit pas aussi qu'ils fussent prêtres; ce ne fut qu'en 1452 que cette exclusion de gens mariés fut abolie en l'Université de Paris, par la réformation du cardinal d'Estouteville. Mais comme on n'a jamais permis aux clercs de répandre le sang, ni de tenir boutique de marchandise, ce pourroit bien être la cause de la distinction des médecins d'avec les chirurgiens et les apothicaires. Cette distinction a long-temps entretenu les médecins dans leur ignorance, leur ôtant les moyens de faire des

expériences, et les réduisant à la lectu*r*
et à la spéculation.

CHAPITRE VIII.

Universités et leurs quatre Facultés.

Ainsi toutes les études se réduisirent à quatre genres ou facultés. Il y en avoit trois principales, *la Théologie, le Droit, la Médecine ;* la première comprenoit toutes *les Etudes préliminaires,* que l'on estimoit nécessaires pour arriver à ces hautes études; et que l'on appeloit d'un nom général, *les Arts.* Le bon sens vouloit assurément que l'on étudiât ce qui est de plus utile ; premièrement pour l'ame, et puis pour le corps et pour les biens. Ce fut sur ce plan que se formèrent les Universités, principalement celle de Paris, qui ne peut guère avoir commencé plus tard que vers l'an 1200. Depuis longtemps il y avoit auprès des évêques deux sortes d'écoles ; l'une pour les jeunes clercs, à qui l'on enseignoit la grammaire, le chant et l'arithmétique; et leur maître étoit ou le chantre de la cathédrale, ou l'écolâtre, nommé ailleurs Capiscol, comme qui diroit *Chef de l'école*. L'autre école étoit pour les prêtres et les clercs plus avancés, à qui l'évêque même, ou quelque prêtre commis de sa part, expliquoit l'Ecriture-Sainte et les canons. On érigea depuis le théologal exprès pour cette fonction. Pierre Lombard, évêque de Paris, plus connu sous le nom de *Maître des Sentences*, avoit rendu son école très célèbre pour la théologie; et il y avoit à St-Victor des religieux en grande réputation pour les arts libéraux. Ainsi les études de Paris devinrent illustres. On y enseigna aussi le décret, c'est-à-dire la compilation de Gratien, que l'on regardoit alors comme le corps entier du droit canonique. On y enseigna la médecine; et joignant ces quatre études principales que l'on nomma *Facultés*, on appela le composé, *Université des études*; et enfin simplement *Université*, pour marquer qu'en une seule ville on enseignoit tout ce qu'il étoit utile de savoir. Cet établissement parut si beau, que les papes et les rois le favorisèrent de grands priviléges. On vint étudier à Paris de toute la France, d'Italie, d'Allemagne, d'Angleterre; en un mot, de toutes les parties de l'Europe latine; et les écoles particulières des cathédrales ou des monastères cessèrent d'être fréquentées. Un pareil dessein demandoit à être soutenu, mais le malheur ne permit pas qu'il fût bien exécuté; cependant comme c'est la forme des études qui dure encore aujourd'hui, il est nécessaire d'examiner un peu plus en détail les avantages et les défauts de ce que l'on enseignoit en chaque faculté en particulier.

CHAPITRE IX.

Faculté des Arts.

Sous le nom des *Arts*, on comprenoit la grammaire et les humanités, les mathématiques et la philosophie. Mais, à proprement parler, ce nom devoit comprendre seulement les sept arts libéraux, dont nous voyons des traités dans Cassiodore et dans Bède; savoir: la grammaire, la rhétorique, la dialectique, l'arithmétique, la musique, la géométrie et l'astronomie. Un maître ès-arts devoit être un homme capable de les enseigner tous. Pour la grammaire, on lisoit Priscien, Donat, ou quelque autre de ces anciens, qui ont écrit sur la langue latine, plutôt pour en faire connoître les dernières finesses aux Romains de leur temps, à qui elle étoit naturelle, que pour en apprendre les élémens à des étrangers.

Dans le treizième siècle, le latin n'étoit plus dans l'usage commun du peuple, en aucun lieu du monde : et en France la langue vulgaire étoit celle que nous voyons dans Ville-Hardouin, dans Joinville, et dans les romanciers du même temps. C'étoit, ce semble, à cette langue qu'il falloit appliquer l'art de la grammaire, choisir les mots les plus propres, et les phrases les plus naturelles, fixer les inflexions, et donner des règles de construction et d'orthographe. Les Italiens le firent ; et dès la fin du même siècle, il y eut des Florentins qui s'appliquèrent à bien écrire en leur langue vulgaire, comme Brunetto Latini, Jean Villani, et le poète Dante. Pour notre langue, elle ne s'est épurée que par le temps, et ce n'a été que plus de quatre cents ans après l'institution des universités, que l'on a commencé à y travailler par ordre public, dans l'Académie françoise. Il est vrai que le latin étoit encore très nécessaire pour la lecture des bons livres et pour l'exercice de la religion; et ceux qui étudioient alors étoient tous ecclésiastiques. Le latin étoit nécessaire pour les affaires et pour les actes publics; il l'étoit pour les voyages, et on appeloit les interprètes, *Latiniers.* Il étoit donc impossible de se passer du latin ; mais il étoit impossible aussi d'en rétablir l'ancienne pureté, par la rareté des livres, et par les autres raisons que j'ai marquées. Il fallut se contenter de le parler et de l'écrire grossièrement. On ne fit point de difficulté d'y mêler plusieurs mots barbares, et de suivre la phrase des langues vulgaires : on se contenta d'observer les cas, les nombres, les genres, les conjugaisons, et les principales règles de la syntaxe. C'est à quoi l'on réduisit l'étude de la grammaire, considérant le reste comme une curiosité inutile, puisqu'on ne parle que pour se faire entendre, et qu'un latin plus élégant eût été plus difficilement entendu. Ainsi se forma ce latin barbare que l'on a encore en Allemagne et en Pologne pour le commerce des voyages, qui a été si long-temps en usage dans le palais, dont on a peine à se défaire dans les écoles de théologie et de philosophie, et qui, pour ceux qui ont étudié le latin dans sa pureté, est souvent plus difficile à entendre, principalement dans les auteurs du onzième et du douzième siècle, qui écrivant en une langue qu'ils savoient mal, font quelquefois entendre autre chose que ce qu'ils ont voulu dire. De là vint la nécessité des gloses et des commentaires, pour expliquer les livres anciens.

La poétique se réduisoit à savoir la mesure des vers latins, et à la quantité des syllabes ; car ils n'alloient pas jusqu'à distinguer les caractères des ouvrages et la différence des styles. On le voit par les poèmes de Guntherus et de Guillaume-le-Breton, qui ne sont que de simples histoires, d'un style aussi plat et d'un latin aussi grossier que celui dont on écrivoit en prose. A la contrainte de la quantité et des césures, ils ajoutoient celle des rimes, qui firent des vers léonins ; souvent même négligeant la quantité, ils se contentoient de faire en latin de simples rimes comme en français, et c'est ce qu'on appella des *Proses*. Voilà toute la poésie des hommes sérieux. Pour la poésie vulgaire, qui commençoit à régner dès le douzième siècle, comme on voit par tant de romans et tant de chansons, elle devint bientôt le partage des débauchés et des libertins, tels qu'étoient, pour la plupart, les troubadours provençaux et les autres poètes de ce temps-là, qui couroient par les cours des princes. Cependant il faut avouer qu'il se trouvoit entre eux des gens d'esprit, et qui, pour le temps, avoient de la politesse : mais leurs ouvrages sont pleins de sales amours et de fictions extravagantes. Depuis ce temps, on alla toujours séparant de plus en plus l'agrément du discours d'avec le raisonnement et les études solides ; et c'est ce qui fit négliger la rhétorique dans les écoles; car on n'y cherchoit ni à plaire, ni à émouvoir les passions.

On s'attacha principalement à la philosophie, et on crut qu'elle n'avoit besoin d'aucun ornement de langage, ni d'aucune figure de discours. Ainsi, à force de vouloir la rendre solide et méthodique, on la rendit extrêmement sèche et ennuyeuse; ne considérant pas que le discours naturel et figuré épargne beaucoup de paroles et soulage fort la mémoire, par les images vives qu'il imprime dans l'esprit. On traita de même toutes les sciences, et c'est ce qu'on appelle encore style de l'école. Cependant, comme il faut que l'esprit se repaisse de quelque chose, et qu'il n'y a point d'étude sans curiosité et sans émulation, nos savans firent la même chose que les Arabes, soit à leur imitation, soit par le même principe, et chargèrent leur philosophie d'une infinité de questions inutiles et de subtilités vaines, qui ont presque étouffé la vraie science; en sorte que c'est une espèce d'équivoque de donner à cette étude le même nom que les anciens Grecs donnoient à leur philosophie.

La logique de Socrate, que nous voyons dans Platon et dans Xénophon, étoit l'art de chercher sérieusement la vérité, et il le nommoit *Dialectique*, parce que cette recherche ne se peut bien faire qu'en conversation particulière entre deux hommes attentifs à bien raisonner. Cet art consistoit donc à répondre juste sur chaque question, à faire des divisions exactes, à bien définir les mots et les choses, et à peser attentivement chaque conséquence avant de l'accorder, sans se presser, sans craindre de revenir sur ses pas, et d'avouer ses erreurs, sans vouloir qu'une proposition fût vraie plutôt que l'autre. Ainsi dans cette logique il entroit de la morale. Il y entroit aussi de l'éloquence; car, comme les hommes sont ordinairement passionnés ou prévenus de quelque erreur, il faut commencer par calmer leurs passions et lever leurs préjugés, avant de leur proposer la vérité, qui, sans cette préparation, ne feroit que les choquer. Or, cette méthode demande une discrétion et une adresse merveilleuse, pour s'accommoder à la variété infinie des esprits et de leurs maladies; et c'est ce que nous admirons dans Platon. C'est sur ce fondement qu'Aristote [1] met la dialectique en parallèle avec la rhétorique, et dit que l'une et l'autre a le même but, qui est de persuader par le discours. La dialectique emploie des raisons plus solides et plus convaincantes, parce qu'en conversation particulière, on connoît mieux la disposition de celui à qui l'on parle, et l'on a le loisir de lui faire faire tout le chemin qui est nécessaire pour le conduire jusqu'à la connoissance de la vérité; au lieu que la rhétorique, qui est l'art des discours publics, est obligée de se servir des préjugés de ses auditeurs, et d'appuyer ses raisonnemens sur les principes

[1] *Arist., rhetor.* 1.

dont ils conviennent, parce qu'il est impossible de leur en faire changer, en parlant peu de temps, et à une grande assemblée: c'est ce qui a fait dire à Aristote[1], que la rhétorique n'use que d'enthymèmes, c'est-à-dire de raisonnemens dont l'auditeur a déjà une partie dans son esprit, et qu'il n'est pas nécessaire de développer. Telle étoit la dialectique chez les Grecs, l'art de trouver la vérité autant qu'il est possible naturellement.

Nos philosophes semblent n'avoir considéré que les vérités en elles-mêmes, et l'ordre qu'elles ont entre elles indépendamment de nous, comme si ceux à qui ils devoient les faire connoître eussent été des anges, sans corps et sans passions, ou qu'il n'eût fallu avoir aucun égard à la disposition de leurs disciples. Il est vrai qu'on en a toujours usé ainsi dans les mathématiques, parce que leur objet n'émeut point en nous de passions. Personne ne s'intéresse à faire passer pour droite une ligne courbe, ni à élargir un angle aigu. Mais comme la logique est

[1] *Rhetor.*, I, c. 2.

l'instrument de toutes les sciences, et principalement de la morale, elle doit comprendre ce qui est nécessaire pour faire entrer dans les esprits toutes sortes de vérités; et plus celles où nos passions résistent, que les autres. Cependant il ne paroît pas que nos philosophes aient eu assez d'égard aux dispositions de leurs disciples. Ils ont appliqué à toutes sortes de sujets la méthode sèche des géomètres : et comme les premiers avoient affaire à des disciples fort grossiers (car on sait quelle étoit la politesse en France il y a cinq cents ans), ils prirent grand soin de séparer toutes les propositions, de mettre tous leurs argumens en forme, et de distinguer toujours la conclusion, les preuves et les objections ; en sorte qu'il fût impossible, même aux plus stupides, de s'y méprendre. Ils croyoient abréger beaucoup en retranchant tous les ornemens du discours, et toutes les figures de rhétorique ; mais peut-être ne considéroient-ils pas que ces figures qui rendent le discours vif et animé, ne sont que des suites naturelles de l'effort que nous faisons pour persuader les autres. D'ailleurs, ces figures abrègent fort le discours : souvent on écarte une objection d'un seul mot : souvent on prouve mieux par un ton délicat que par un argument en forme, et toujours on évite les répétitions ennuyeuses des termes de l'art. Que l'on en fasse l'expérience, une page de discours scolastique se réduira au quart, si on le change en un discours ordinaire et naturel ; et toutefois ceux qui y sont accoutumés, croient que les discours figurés ne contiennent que des paroles, et ne reconnoissent plus les raisonnemens, s'ils ne sont distingués par articles et intitulés : il faut les avertir que c'est une conclusion, une preuve et une objection, une instance, un corollaire ; et c'est ce qui rend leurs livres inutiles à tous ceux qui ne sont point nourris dans les styles des écoles. Je sais bien qu'il est quelquefois nécessaire d'argumenter en forme, ou d'user des termes de l'art, et nommer la majeure ou la mineure, pour mettre en évidence une raison importante ou pour démêler un sophisme ; mais il ne s'ensuit pas qu'il faille en user toujours ainsi. On ne s'exprime pas ordinairement par des formules, sous prétexte qu'elles sont nécessaires dans les contrats et dans les sermens : il faut laisser quelque chose à faire au disciple, et ne lui pas faire l'injure de croire qu'il ne puisse reconnoître une raison si on ne la lui montre au doigt. Les scolastiques, qui prenoient tant de soin de soulager leurs écoliers, les accabloient d'un autre côté de questions abstraites et difficiles, et toutefois superflues.

L'étude de la philosophie consistoit principalement à étudier Aristote, que les professeurs lisoient et interprétoient publiquement ; mais comme la plupart des commentateurs se donnent carrière sur les commencemens des ouvrages, avec le temps on traita fort au long tous les préliminaires de la logique. Des catégories d'Aristote, qui ne sont qu'une explication succincte de tous les termes simples qui peuvent entrer dans les propositions, ils en ont fait un traité fort étendu, et y ont mêlé beaucoup de métaphysique et même de théologie. Car à l'occasion de la relation, il y en a qui entrent bien avant dans le mystère de la Trinité. Ils ont encore commenté fort au long l'introduction de Porphyre, d'où est venu le fameux traité *des universels*. On y a ajouté les questions sur le nom et l'essence de la logique même; si c'est un art ou une science; et là-dessus, prenant la morale et la philosophie, ils se sont enfoncés dans la matière des habitudes et des opérations de l'esprit. Enfin, on s'est si fort étendu sur ces préfaces inutiles, que pour ne pas tenir les écoliers en logique toute leur vie, l'on a été contraint de traiter succinctement les règles des syllogismes, et tout le reste qui fait le principal corps de la logique d'Aristote.

Le défaut de la méthode des scolastiques est encore bien plus sensible dans la morale, car de leur propre aveu c'est une science pratique; on ne la doit pas apprendre pour en discourir, mais pour agir; il faut donc l'enseigner d'une manière qui n'éclaire pas seulement l'esprit, mais qui touche le cœur, et en montre la pratique effective, puisque autrement la connoissance stérile de la foi ne sert qu'à rendre l'homme plus criminel : il n'y avoit donc point d'étude où la méthode sèche des géomètres convînt moins. Cependant les scolastiques l'y ont appliquée, comme aux questions de métaphysique les plus abstraites, et ils demandent aussi froidement si le souverain bien consiste dans les richesses ou les plaisirs, qu'ils demanderoient s'il faut distinguer la substance de l'essence. Or, c'est aller directement contre la disposition où l'on doit être en enseignant la morale : celui qui n'est pas homme de bien, ne peut bien l'enseigner, et celui qui est homme de bien ne peut en parler sans mouvement, parce qu'il ne lui est pas indifférent de persuader son disciple. Je ne dis pas que pour enseigner la morale, on ne doive se servir que de discours figurés sans raisonnemens, comme sont les déclamations de l'Alcoran; mais je dis que le raisonnement doit être précédé et suivi d'affections pour lever les obstacles que la vertu rencontre en nous, la rendre aimable et nous encourager à la suivre. C'est ainsi qu'en usoit Socrate, et c'étoit principalement aux questions de morale qu'il appliquoit cette excellente logique dont j'ai parlé; il la soutenoit par son exemple, et sa vie étoit conforme à ses maximes. Ses disciples l'imitèrent, et ce qui s'appela depuis un philosophe, étoit effectivement un sage capable de rendre sages ses disciples. Les Grecs et les Romains n'avoient rien de plus solide dans leurs études; car, n'ayant point de religion qui leur enseignât la morale, ils étoient obligés de la chercher, ou par leurs propres lumières, ou en suivant l'autorité des plus grands hommes; en sorte que les plus jeunes gens de bien, et les mieux intentionnés, n'avoient rien de meilleur que la philosophie pour les conduire à la vertu. Mais il est étrange que des chrétiens et même des chrétiens illustres par leurs vertus, ayant l'Ecriture sainte et les pères de l'église, possédant déjà divers ouvrages d'une autorité si certaine, d'une doctrine si pure, d'un style si plein d'onction et de grâce; il est donc bien étrange que des hommes d'un si haut rang, et l'exemple de leur siècle, aient cru avoir besoin de la morale d'Aristote, dont le nom seul leur devoit être suspect, et qui se trouve remplie de doutes et d'erreurs; qu'ils aient enchéri sur la sécheresse de sa méthode, et qu'il aient cru enfin qu'il fût utile, pour la correction des mœurs, de traiter si les actions sont spécifiées par les objets ou par les puissances; si les habitudes de l'ame sont des qualités ou une autre espèce d'accident; si une même vertu peut résider en plusieurs puissances; si la justice est dans le milieu comme les autres vertus, et cent autres questions semblables. On ne peut assez déplorer la misère de ce temps-là, quand on voit les travaux immenses sur cette philosophie que les anciens avoient connue et méprisée; quand on voit avec quelle exactitude saint Thomas avoit étudié toutes les œuvres d'Aristote[1], pour le commenter comme il a fait, et nous en laisser tant de volumes. Que n'eût-il point fait, s'il eût appliqué son esprit et son loisir à des objets plus dignes de lui !

On a donc fait à peu près de même dans

[1] *V. S. Thom.* 2. *p.* 143, *etc.*

la morale. On s'est étendu sur les questions générales de la fin, du souverain bien, de la liberté ; en sorte que l'on a manqué de temps pour traiter les vertus en détail, et donner des règles particulieres pour la conduite de la vie, qui semble toutefois être le but de la morale. C'est en quoi **Aristote** devoit être de grand usage, car il a parfaitement bien connu les mœurs des hommes, et s'il n'a pas toujours eu des vues aussi hautes que **Platon**, il a raisonné d'une manière plus conforme au commerce de la vie et à ce qui peut humainement se pratiquer. Mais après tout, c'est peu pour des chrétiens, qui doivent avoir appris dès l'enfance une doctrine infiniment au-dessus de celle d'**Aristote** et de celle de **Platon** même.

CHAPITRE X.

Physique ou Médecine.

De toutes les sciences la physique étoit

la plus imparfaite, dans le temps où les universités se formèrent. On l'emprunta tout entière des Arabes; et au lieu de la fonder sur l'expérience et de commencer par se bien assurer de ce que les choses sont en effet, on la fonda sur l'autorité d'Aristote et de ses commentateurs, et sur des raisonnemens généraux. Et véritablement, il n'étoit pas facile aux savans de ce temps-là de faire des expériences. Ils étoient tous moines ou clercs enfermés dans les monastères et dans des collèges, pauvres la plupart ou par leur profession ou par leur fortune. Les arts étoient fort déchus; on avoit perdu quantité d'inventions, et on en avoit peu trouvé; les artisans étoient encore serfs pour la plupart, et dans un grand mépris; il étoit difficile de croire qu'il y eût rien à apprendre d'eux. Quoi qu'il en soit, les esprits n'étoient point tournés à s'assurer des faits et à consulter l'expérience. On s'en rapportoit à l'autorité des livres, et on tenoit pour constant tout ce qu'ils disoient des effets de la nature et de leurs causes. Bien loin de se défier de ce qui étoit extraordinaire, le plus merveilleux sembloit toujours le plus beau. De là vint la croyance d'une infinité de fables, dont le monde est encore infecté, quoique l'on travaille tous les jours à l'en détromper; tant de vertus occultes, tant de sympathies et d'antipathies, tant de propriétes imaginaires de plantes ou d'animaux. C'est aussi ce qui augmenta le crédit de la magie et de l'astrologie, qui n'étoit déjà que trop grand. On supposa la doctrine des influences des astres, comme une vérité incontestable[1]; et les gens de bien s'estimèrent assez heureux de prouver qu'elles ne pouvoient agir sur les volontés libres, leur abandonnant le reste de la nature, même les organes du corps humain. On crut qu'il pouvoit y avoir une magie naturelle; et on attribua à la surnaturelle, c'est-à-dire au pouvoir des esprits malins, tout ce dont on ne connoissoit pas la cause. Car étant certain par la religion qu'il y a de tels esprits, et que Dieu leur permet quelquefois de tromper les hommes, rien

[1] *V. S. Thom.* 1, 2, *q.* 9, *art.* 1, *ad* 2 *et* 3.

n'est plus commode pour couvrir l'ignorance, que de leur attribuer ce dont on ne peut rendre raison. Ainsi les fictions des poètes de ce temps-là étoient beaucoup moins absurdes qu'elles ne nous le paroissent. Il étoit vraisemblable, même aux savans, qu'il y eût eu souvent, et qu'il y eût encore en divers endroits du monde des devins ou des enchanteurs, et que là nature produisît des dragons volans et des monstres de diverses sortes. Cette croyance des fables dans l'histoire naturelle, apporta quantité de pratiques superstitieuses, particulièrement dans la médecine, où l'on aime toujours mieux faire quelque chose d'inutile, que d'omettre ce qui peut être utile. Ce qu'on appeloit donc *étudier la physique* (et l'on y comprenoit la médecine), c'étoit lire des livres et raisonner en l'air : comme s'il n'y eût point eu d'animaux pour faire des anatomies, ni de plantes ou de minéraux pour en éprouver les effets; comme si les hommes n'eussent point eu l'usage des sens pour reconnoître la vérité de ce que les autres avoient dit; en un mot, comme si la nature n'eût plus été au monde pour la consulter elle-même. Ainsi toute la philosophie fut réduite à une espèce de métaphysique, c'est-à-dire à des discours généraux, et à des considérations abstraites sur les opérations de l'esprit, sur les mœurs et sur les corps naturels : considérations si stériles, que depuis cinq cent soixante ans que l'on s'y occupe, il est difficile de montrer le fruit que l'on en tire. Ce fut à peu près ainsi que les arts et la médecine furent traités dans les universités.

CHAPITRE XI.

Droit civil et canonique.

On suivit la même méthode pour le droit. Comme l'ignorance du latin et de l'histoire empêchoit d'entendre les textes, on s'en rapporta aux sommaires et aux gloses de ceux qui passoient pour les mieux entendre, et qui n'ayant pas eux-mêmes le secours des autres livres, ne faisoient qu'expliquer un endroit du digeste ou du décret, par un autre, les conférant le plus exactement qu'ils pouvoient. Les fautes de ces maîtres trompèrent aisément les disciples; et quelques uns abusèrent de leur crédulité, en mêlant à leurs gloses des étymologies ridicules et des fables absurdes[1]; soit qu'ils ne comprissent pas que l'on ne peut pratiquer les lois si on ne les entend, soit qu'ils désespérassent de les entendre mieux. Leur plus grande application fut à les réduire en pratique, à traiter des questions sur les conséquences qu'ils tiroient des textes, à donner des conseils et des décisions. Mais quand on voulut appliquer à nos affaires ce droit romain si mal entendu et si éloigné de nos mœurs, et conserver en même temps nos costumes, qu'il étoit impossible de changer, les règles de la justice devinrent beaucoup plus incertaines que devant. Toute la jurisprudence se réduisit en dis-

---

[1] *V. glos. in c.* 1, *extra de summa trin. verb. diabolus. Item. in instit. de jure nat.*, etc., § 4, 1, 6.

putes d'école et en opinions de docteurs, qui n'ayant pas assez creusé les principes de la morale et de l'équité naturelle, cherchoient quelquefois leurs intérêts particuliers ; répondant favorablement à ceux qui les consultoient, et soutenant opiniâtrément leurs décisions. Ils avoient bien compris que les études doivent être utiles, mais la plupart ne connoissoient point d'autre utilité que de gagner de l'argent ou de la réputation. Ceux même qui cherchoient la justice, ne savoient pas d'autres moyens de la procurer, que des remèdes particuliers contre l'injustice : ce qui leur fit inventer tant de nouvelles clauses pour les contrats, et tant de formalités pour les jugemens. Ils ne travailloient non plus que les médecins, qu'à guérir les maux présens, sans songer à les prévenir et en arrêter les sources, ou plutôt ils ne le pouvoient pas. Car, pour ôter les causes générales des procès et de l'injustice, il faut que la puissance souveraine s'en mêle, qu'il y ait des lois certaines et connues de tout le monde, et des officiers publics bien autorisés. Il faut ôter aux particuliers plusieurs moyens de s'enrichir et de se ruiner, et les réduire, autant qu'il est possible, à la vie la plus simple et la plus naturelle : comme nous voyons dans cette loi que Dieu même donna à son peuple, et qui le rendit si heureux tant qu'il l'observa. Mais alors l'Europe étoit si divisée, et les princes si peu puissans ou si peu éclairés, que l'on ne songeoit pas à faire de telles lois.

CHAPITRE XII.

De la Théologie.

De toutes les études celle qui s'étoit conservée la plus pure étoit la théologie : car, quoique l'on en dise, les premiers scolastiques étoient de grands hommes, et la plupart de grands saints. Ils nous ont conservé fidèlement la tradition des dogmes ecclésiastiques; ils lisoient assidument l'Ecriture Sainte, et suivoient, autant qu'ils pouvoient, les interprétations des pères. Il est vrai qu'ils ne les connoissoient guère que par la glose ordinaire, qui avoit été composée dans le neuvième siècle, et par le décret de Gratien. Il étoit difficile d'avoir les ouvrages entiers, et encore plus de démêler ceux que l'on attribuoit à un père, quoiqu'ils fussent d'un autre, ou qui étoient tout-à-fait supposés; il étoit difficile de les bien entendre, faute de savoir assez finement le latin, et de bien connoître l'histoire ecclésiastique. Comme ils voyoient que les pères avoient souvent donné à l'Ecriture des sens spirituels, ils lui en donnoient aussi de nouveaux qu'ils trouvoient aisément, ne manquant ni d'esprit ni de piété; d'ailleurs, faute de connoissances positives, ils donnoient plus au raisonnement que ceux qui les avoient précédés, et suivant la mode de leur siècle, ils se chargeoient trop de ces vains fatras de métaphysique que les Arabes avoient mis en si grand crédit.

Les théologiens qui suivirent dans les quatorzième et quinzième siècles, enchérirent sur les défauts de ces premiers ; il se forma des sectes entr'eux sur les questions qui ne regardoient point la foi, et l'émulation des chefs de parti poussa les disputes à des subtilités incroyables : il n'y a qu'à voir les écrits d'*Ocam*, de *Scot*, de *Durand*, de *saint Porcien*. On crut que les premiers scolastiques avoient recueilli dans leurs sommes tout ce qu'il y avoit d'utile dans la tradition des précédents; qu'il s'en falloit reposer sur eux, et qu'il n'y avoit point de théologie à chercher hors saint Thomas et saint Bonaventure. Les Pères furent négligés de plus en plus, leur langage étoit trop différent du latin grossier de nos écoles, et nos docteurs ne les trouvoient pas assez philosophes, ni assez forts en raisonnements, parce qu'ils n'y voyoient ni passages d'Aristote, ni arguments en forme, ni conclusions, ni objections distinguées suivant leur méthode, hors laquelle ils ne pouvoient rien goûter ni rien entendre. Ils ne considéroient pas que les pères avoient été très savants, que saint Augustin étoit un philosophe parfait, et que jamais il n'y a eu un homme d'un esprit plus pénétrant, d'une méditation plus profonde, d'un raisonnement plus suivi ; ils ne s'apercevoient pas que c'étoit par mépris que ce saint docteur, et les autres plus anciens, ne s'étoient pas servi d'Aristote, trouvant qu'il ne parloit pas dignement de la Providence ni de la nature de l'ame ; que sa logique étoit trop embarrassée, et sa morale trop humaine : car c'est le jugement qu'en fait saint Grégoire de Nazianze[1]. Quoique Platon ait aussi ses défauts, les pères s'en accommodoient bien mieux, parce qu'ils y trouvoient bien plus de traces de la vérité et de meilleurs moyens pour la persuader. Au reste il est évident que les pères des trois ou quatre premiers siècles, et particulièrement les Grecs, pouvoient bien mieux entendre Aristote, puisque la tradition de sa doctrine subsistoit encore à Athènes et à Alexandrie, que les Arabes, qui s'y appliquèrent quatre ou cinq cents ans après eux, et nos scolastiques, qui ne le connoissoient que par ces mêmes Arabes. Le style naturel et figuré des pères étoit encore à nos docteurs une grande diffi-

[1] *Greg.*, *orat*. 33.

culté ; ces discours suivis et liés leur paroissoient des pièces de rhétorique : ils ne reconnoissoient pas la doctrine si elle n'étoit divisée par questions et par articles. Mais le style des apôtres et des prophètes les confondoit encore plus. Ne pouvant démêler dans l'Ecriture la suite des dogmes, et le dessein de chaque livre, ils se contentoient d'en apprendre des passages séparés, et la citoient plus sur la foi d'autrui que sur leur propres lumières : leur principale occupation étoit de s'étudier et de se copier les uns les autres ; et de là viennent tous les volumes de théologie scolastique que l'on trouva dans les bibliothèques. Au milieu de cet embarras, la saine doctrine s'est conservée dans les écoles de théologie ; et nous voyons dans tous les temps une protection sensible de Dieu sur son église, pour l'y conserver.

Mais quoique la doctrine fût la même que dans les siècles précédents, la manière d'enseigner étoit différente. Les pères de l'église étant la plupart des évêques fort occupés, n'écrivoient guère que par nécessité, pour défendre la religion par des combats sérieux contre les hérétiques et contre les païens[1], et ne traitoient que les questions qui étoient effectivement proposées. Une bonne partie de leurs ouvrages consiste dans les sermons qu'ils faisoient au peuple, en expliquant l'écriture sainte. Les docteurs des universités, occupés à étudier et à enseigner, séparèrent même toutes les parties des études ecclésiastiques. Les uns s'attachèrent à l'explication de l'Ecriture qu'ils appelèrent *Théologie positive* ; d'autres aux mystères et aux vérités spéculatives, ce qui a conservé le nom général de *scolastique* ; d'autres à la morale et à la décision des cas de conscience. Ayant donc pour but d'enseigner dans les écoles, ils s'appliquèrent à traiter le plus de questions qu'ils purent, et à les ranger avec méthode. Ils crurent que pour exercer leurs disciples, et les préparer aux disputes sérieuses contre les ennemis de la foi, il falloit examiner toutes les subtilités que la raison humaine pouvoit fournir sur ces matières, et prévenir

[1] *Perron. Euchar.*, l. 3, c. 1, 20.

toutes les objections des esprits curieux et inquiets. Ils en avoient le loisir, et en trouvoient les moyens dans la dialectique et la métaphysique d'Aristote, avec les commentaires des Arabes. Ainsi ils firent à peu près ce que l'on fait dans les salles d'escrime et dans les académies de manége, où, pour donner aux jeunes gens de la force et de l'adresse, on leur apprend bien des choses qui sont rarement d'usage dans les vrais combats. En expliquant le maître des sentences, dont le livre étoit regardé comme le corps de la théologie scolastique, on formoit tous les jours de nouvelles questions sur celles qu'il avoit proposées; et depuis on en a fait de même sur la somme de saint Thomas. Mais il faut avouer que cette application à former et à résoudre des questions, et en général à exercer le pur raisonnement, a diminué pendant long-temps l'application aux études positives, qui consistent plus en lecture et en critique, comme le sens littéral de l'Ecriture, les sentiments des pères, et les faits de l'histoire ecclésiastique. Il est vrai que ces études étoient très difficiles par la rareté des livres, et le peu de connoissance des langues antiques. Il n'y avoit que les grandes bibliothèques où l'on pût trouver une bible avec la glose ordinaire complète. Un particulier étoit riche quand il avoit le décret de Gratien, et la plupart ne connoissoient les pères que par ce recueil.

CHAPITRE XIII.

Des Mœurs des Étudians.

Comme les études avoient commencé par les églises cathédrales et les monastères, on supposa que des clercs dussent étudier ; de là vient que toute leur vie fut réglée sur le pied de la modestie cléricale, et que quand on fonda des colléges, on y bâtit des chapelles, on y établit l'office divin, du moins à certains jours ; le règlement des heures, les repas en commun, la lecture de table, et les autres exercices à peuprès conformes aux communautés des moines ou des chanoines réguliers. De là vient que l'on défendit si long-temps à des gens mariés de faire profession de médecine : de là viennent les habits de cérémonie des suppôts de toutes les facultés, la robe et le bonnet que les écoliers de philosophie portent encore, et le nom de clercs à ceux qui travaillent sous des procureurs et des notaires : car tous les praticiens sont venus des étudians en droit, et en ont gardé le titre de maîtres, et le nom d'études pour les lieux où ils travaillent. Les grands privilèges des clercs pour être en sûreté contre les violences publiques, et même à couvert de la justice séculière, et pour s'exempter de toutes sortes d'impositions, rendirent les étudiants forts soigneux d'en conserver le nom et les marques extérieures. A ces privilèges généraux se joignirent les privilèges particuliers des universités; et les degrés que l'on y prenoit, devinrent, un chacun, nécessaires pour les prélatures et pour toutes les charges ecclésiastiques et temporelles. La rétribution de ceux qui enseignoient étoit grande, et l'honneur qui étoit attaché à ces sortes de places n'étoit pas moindre. Tous ces avantages y attirèrent ensuite les roturiers qui sortoient de servitude par les affranchissements, qui étoient alors très fréquents. Il y avoit dans toutes les plus fameuses universités, surtout dans celle de Paris, un grand nombre d'étrangers qui venoient de tous les pays de l'Europe; tous ces étudiants formèrent ensemble un peuple à part, qui avoit une habitation séparée, sa langue, et des mœurs particulières.

On ne parloit point encore d'études pour les laïques. Les nobles, qui pour la plupart descendoient des Francs et des autres peuples conquérants, gardoient les mœurs des anciens Germains dont ils tiroient leur origine: ils ne s'occupoient qu'à la guerre et à la chasse; ils laissoient à leurs serfs, c'est-à-dire aux paysans de leurs villages et aux bourgeois des villes, l'agriculture, les métairies et le trafic; et aux ecclésiastiques, les sciences et les lettres. La plupart ne savoient pas même lire, témoin l'illustre *Bertrand du Guesclin*; et nous avons encore un exemple plus récent, de deux cents ans, d'un grand connétable qui signoit à peine son nom. Ce qu'il y a de plus surprenant, est qu'encore qu'ils fissent grand cas de la force et de l'adresse du corps, comme ont toujours fait les peuples guerriers, ils ne l'apprenoient point, comme les Grecs et les Romains, qui savoient si bien former les corps et dresser les jeunes gens au maniement des armes. Notre noblesse n'avoit pour cela ni méthode, ni autres exercices publics qui pussent les former; ce n'est que sur la fin du règne de Louis-le-Grand qu'il y a eu des académies en France pour le manége, et pour les autres exercices; encore tout cet art nous est-il venu d'Italie. S'il y avoit des nobles qui étudiassent, comme il y en avoit sans doute, parmi ces nobles on y distingue le roi Robert et le roi saint Louis; ces illustres personnages étudioient comme les clercs et même avec eux. Le roi Robert avoit étudié à l'école de Reims sous le moine Gerbert, qui fut depuis pape, connu sous le nom du pape Sylvestre II. Louis-le-Gros fut instruit dans l'abbaye St-Denis. Il y avoit toujours des nobles qui étudioient dans les universités, et ils prenoient des degrés, comme on le voit par les priviléges que leur accorde la pragmatique [1]; mais le nombre en étoit petit en comparaison des roturiers. Cette séparation des gens de lettres d'avec les nobles, et ce mépris qu'eurent les nobles pour les études est la principale cause de leur décadence; car les mœurs des princes et de la noblesse prennent toujours le dessus.

Ce qui poussa si loin chez les Grecs les lettres et les beaux-arts, fut l'application des personnes les plus puissantes et les plus considérables. On nomma libéraux les arts que l'on estimoit dignes des honnêtes gens, pour les distinguer des métiers bas et serviles. Les peintres, les architectes, les musiciens et les poëtes arrivoient aux grandes charges de leur république aussitôt ou plus tôt que les autres citoyens : les orateurs les plus éloquents étoient ceux qui devenoient les plus puissants.

Quoique les Romains méprisassent ces titres de savants, ils estimoient fort les sciences. Elles furent aussi chez eux le partage des gens de qualité, et depuis

[1] *Pragm.-sanct. de Con. ff.* 10.

qu'ils les eurent goûtées, les premiers d'entr'eux furent les plus savants, comme Scipion, Lélius, Cicéron, César, Marc-Aurèle, et tant d'autres, moins illustres à la vérité, mais recommandables par leur savoir.

La tristesse de nos études servit encore sans doute à en détourner les nobles, car les grands seigneurs et tous ceux qui sont à leur aise se mènent fort par le plaisir, et l'on avoit banni de nos écoles la politesse du langage, la poésie et toutes les humanités. L'étude étoit devenue un travail pénible, qui ne pouvoit être rendu supportable que par une grande vertu, par l'ambition ou l'intérêt; car la vertu est toujours bien rare. Il n'y avoit guère de gentilhomme qui fût sensiblement touché de l'honneur d'être maître-ès-arts ou licencié en droit. Cependant comme les cours ne pouvoient être sans quelque politesse et quelque exercice d'esprit, on les réduisit à la conversation des dames et à des chansons amoureuses, et de cette espèce d'étude est venu depuis ce que l'on appelle galanterie, bel esprit et air du monde, si éloigné du style et de la manière des écoles : d'ailleurs cette tristesse des écoles y apporta la corruption des mœurs, malgré toutes les précautions de ceux qui les avoient établies.

Il y a toujours eu plus de jeunes gens que d'autres dans les universités, et la jeunesse ne peut vivre sans plaisirs; car on avoit beau les nommer clercs, ils n'avoient pas tous vocation pour l'église, et on ne le demandoit pas; il étoit donc impossible de les retenir sous une discipline si sévère, et n'ayant rien d'agréable dans les études mêmes, ils cherchoient à se divertir d'ailleurs.

On voit encore des railleries de leurs festins et de leurs débauches. On lit dans les histoires plusieurs séditions causées par les insultes que les écoliers faisoient aux bourgeois, courant la nuit, et portant des armes. Le plus grand mal fut que dans la suite les maîtres eux-mêmes s'en mêlèrent par politique, et que pour soutenir la domination du recteur, toutes les insolences des écoliers étoient autorisées. Souvent même de grands crimes demeuroient impunis, sous prétexte de maintenir leurs priviléges. Ce fut principalement depuis la fin du XIVe siècle jusqu'au milien du XVe que les universités eurent le plus de crédit. Nos rois ne faisoient rien d'important sans consulter celle de Paris ; et quand Charles le Sage donna la charge de connétable à Bertrand Duguesclin, le recteur de l'université étoit au conseil.

On sait combien la faveur des universités étoit recherchée par les princes durant les guerres civiles d'Orléans et de Bourgogne ; combien les papes mêmes les ménageoient pendant le grand schisme d'Avignon ; on sait l'autorité qu'elles eurent au concile de Constance et au concile de Bâle. Il sembloit que les grandes affaires dont ces docteurs se mêloient dussent les rendre éloquents par la nécessité de parler en public et de soutenir leurs opinions ; car c'est ce qui avoit produit l'éloquence en Grèce : cependant nous voyons tout le contraire : ils ne se tiroient point de leur méthode scolastique ; leurs discours étoient pleins de divisions et de subdivisions, d'autorités souvent mal appliquées, de preuves tirées de loin et de mauvais raisonnements. Qu'on voie le discours que fit M. Jean Bertrand, évêque d'Autun, contre M. Pierre de Cunières devant le roi Philippe de Valois, pour la défense de la juridiction ecclésiastique, ou l'apologie du duc Jean de Bourgogne, qui fut prononcée devant le roi Charles VI, par M. Jean Petit, docteur de Sorbonne : car il est à croire que pour des actions de cette importance, on avoit choisi les plus habiles gens du temps. Les sermons de Michel Menot, et d'Olivier Maillard, qui furent des prédicateurs célèbres sur la fin du XVe siècle, ne sont pas de meilleur goût, et n'ont pour ornement que des proverbes vulgaires, et des jeux d'esprit puérils, propres à faire rire la populace. Les gens sans lettres écrivoient et parloient beaucoup mieux que les docteurs.

Nous n'avons rien de meilleur de ce siècle que les mémoires de Philippe de Comines, et nous voyons de la véritable éloquence dans les harangues que Jacques d'Arleville et Jean Lyon faisoient au peuple de Gand.

Je ne vois point de temps où l'on ait plus mal étudié, que ce temps où les docteurs avoient le plus de crédit. Les affaires publiques et particulières où ils étoient appelés leur causoient apparemment de la distraction ; il falloit faire leur cour aux princes, dresser des remontrances et des mémoires pour la réformation de l'état, exciter ou apaiser le peuple, et surtout tenir en haleine les écoliers pour s'en servir au besoin à quelque exécution vigoureuse. Les études n'étoient donc que le prétexte qui donnoit du crédit; car comme les princes et le peuple à qui ils avoient affaire étoient trop ignorants et crédules pour avoir aucune autorité quelconque sur eux, il n'étoit donc pas nécessaire d'être effectivement savant pour en imposer aux grands et au peuple, il suffisoit seulement d'en avoir le titre ; ainsi plusieurs se contentoient de satisfaire aux formalités, et se soucioient peu d'être doctes, pourvu qu'ils eussent des attestations de leur temps d'étude et des lettres de maître-ès-arts ou de docteur. On trouvoit assez de moyens d'éluder les règles qui avoient été sagement établies pour distinguer dans le public ceux qui auroient suffisamment étudié chaque science, ou qui seroient capables de l'enseigner ; mais on conservoit avec soin les cérémonies des actes publics, et tout ce qui pouvoit frapper les yeux du peuple, comme les parchemins et les sceaux, les robes et les fourrures ; on étoit curieux de ne pas laisser abolir les droits pécuniaires, les festins et les autres coutumes semblables. La plupart des étudiants et des docteurs étoient pauvres et de basse naissance : on le voit par le surnom qu'ils tiroient de leurs villages, comme Robert de Sorbonne, Pierre Dailly, Jean de Gerson, je nomme les plus illustres. Ceux dont la vertu n'étoit pas assez héroïque pour les mettre au dessus de l'intérêt, cherchoient à subsister ou même à s'enrichir par les pensions des grands seigneurs, par les offices de judicature et par les bénéfices ; ils ne faisoient pas scrupule de les demander, ni de poursuivre des dispenses pour jouir des fruits ou revenus, sans résider, afin d'accumuler plusieurs bénéfices; et c'est depuis l'établissement des universités que s'est établie la pratique bénéficiale moderne, si contraire et si éloignée de l'ancienne discipline de l'église. Il faut avouer aussi, à la honte de l'état ecclésiastique, que la chicane des procédures a passé des officialités aux juridictions séculières, et qu'il en faut chercher la source dans l'avarice des clercs, c'est-à-dire des docteurs légistes et canonistes. Une autre suite de la basse naissance et de la mauvaise éducation des étudiants, c'est qu'ils étoient la plupart grossiers et rustiques ; et l'on voit encore combien la politesse a de la peine à s'introduire dans les écoles. Or il ne faut pas croire que ces défauts soient de petite conséquence pour les mœurs; il ne suffit pas de garder les devoirs essentiels de la probité, il faut aussi garder ceux de la société qui font proprement l'honnête homme; de plus la rudesse et l'incivilité ne se trouveront point dans un homme bien vertueux, puisqu'elles viennent ou d'orgueil ou de mépris des autres, ou de paresse à s'instruire de ce que l'on leur doit et à se tenir proprement, ou de facilité à se mettre en colère ; de sorte qu'il est impossible qu'un homme ne soit honnête et civil, s'il est humble, patient, charitable, modeste et soigneux : mais afin que la vertu toute seule puisse faire ou produire cet effet, il faut qu'elle soit arrivée à une haute perfection, comme chez ces anciens moines d'Égypte et d'Orient qui étoient doux et honnêtes dans les solitudes les plus affreuses. Le commerce du monde est un chemin bien plus court pour donner de la politesse, et la nécessité d'être continuellement les uns avec les autres oblige à avoir au moins toutes les apparences des vertus qui rendent la société commode. Il ne faut donc pas s'étonner si nos savants étoient rustiques, puisqu'ils vivoient séparés du monde, et ne cultivoient pas assez les véritables vertus; delà venoient leurs manières contraintes et affectées, et une certaine civilité méthodique, qui, ne consistant qu'en des formules de compliments fades et en des cérémonies incommodes, choque bien plus qu'une rusticité toute naturelle. Quand les Italiens ramenèrent l'usage des comédies, ils ne manquèrent pas d'y mettre ces nouveaux personnages que nous ne voyons ni dans Plaute, ni dans Térence. Ils observèrent les défauts des savants de leur temps, et, chargeant un peu leurs portraits, ils en firent leurs docteurs qui veulent toujours parler et toujours instruire.

CHAPITRE XIV.

Renouvellement des Humanités.

Telles étoient à peu près les études en France et dans l'Europe, quand on recommença de s'appliquer aux *Humanités*, je veux dire principalement à la grammaire et à l'histoire. On peut compter ce renouvellement depuis l'an 1450, et la prise de Constantinople, qui fit que tant de savants grecs se retirèrent en Italie avec leurs livres. Car bien que Pétrarque et Bocace eussent relevé ces sortes d'études dès le siècle précédent, ils n'avoient encore guère avancé ; mais en Grèce les études s'étoient assez bien conservées. Le seul Commentaire d'Eustathe sur Homère montre que, jusqu'aux derniers siècles, il y étoit resté une infinité de livres et des hommes d'une grande érudition. Ainsi, depuis le milieu du quinzième siècle, on vit tout d'un coup paroître une foule de savants, premièrement en Italie, puis en France, et dans le reste de l'Europe à proportion, qui s'appliquèrent avec une ardeur incroyable à lire tous les livres des anciens qu'ils purent trouver, à écrire en latin le plus purement qu'il étoit possible, et à traduire les auteurs grecs. L'art de l'imprimerie, qui fut trouvé en même temps, leur fut d'un très grand secours pour avoir aisément des livres, et les avoir corrects. Aussi plusieurs s'appliquèrent ensuite à faire d'excellentes éditions de tous les bons auteurs sur les meilleurs manuscrits, recherchant les plus anciens, et en comparant plusieurs ensemble. D'autres ont fait des dictionnaires et des grammaires très exacts ; d'autres des commentaires sur les auteurs difficiles ; d'autres des traités de tout ce qui peut servir à les entendre, comme leurs fables, leur religion, leur gouvernement, leur milice, et jusqu'aux moindres particularités de leurs mœurs, leurs habits, leurs repas, leurs divertissements. En sorte qu'ils ont fait tous les travaux nécessaires pour nous faire entendre, autant qu'il est possible, après un si long intervalle, tout ce qui reste de livres antiques grecs ou latins.

Mais quelques-uns se sont trop arrêtés sur ces études, qui ne sont que des instruments pour d'autres études plus sérieuses. Car il y a eu des curieux qui ont passé leur vie à étudier le latin et le grec, et à lire tous les auteurs seulement pour la langue, ou même à entendre les auteurs et en expliquer les passages difficiles, sans aller plus loin ni en faire aucun usage. Il y en a qui se sont arrêtés à la mythologie et aux autres antiquités curieuses que j'ai marquées ; qui ont recherché des inscriptions, des médailles et tout ce qui pouvoit éclaircir les auteurs, se bornant au seul plaisir que donnent ces curiosités.

Quelques-uns, passant plus avant, ont étudié sur les anciens les règles des beaux-arts, comme l'éloquence et la poésie, sans toutefois les pratiquer : d'où vient que nous avons tant de traités modernes de poétique et de rhétorique, quoiqu'il y ait eu si peu de véritables poètes et de véritables orateurs, et tant de traités de politique faits par des particuliers qui n'ont jamais eu de part aux affaires. Enfin l'application à lire les livres des anciens a produit en plusieurs un respect si aveugle, qu'ils ont suivi leurs erreurs plutôt que de se donner la liberté d'en juger. Ainsi l'on a cru que la nature étoit telle que Pline l'a décrite, et qu'elle ne pouvoit agir que suivant les principes d'Aristote. Le pis est que plusieurs ont trop admiré leur morale, et n'ont pas vu combien elle est au dessous de la religion qu'ils avoient apprise dès le berceau. D'autres, quoique en petit nombre, ont donné dans l'excès opposé, et ont affecté de contredire les anciens et de s'éloigner de leurs principes. Mais entre ceux qui les ont admirés, le défaut le plus ordinaire a été la mauvaise imitation. On a cru que pour écrire comme eux, il falloit écrire en leur langue, sans considérer que les Romains écrivoient en latin et non pas en grec; et que les Grecs écrivoient en grec et non pas en égyptien ou en syriaque. On s'est piqué de faire de bons vers en latin, et même on en a fait en grec, au hasard de n'être entendu de personne; et ceux qui, comme Ronsard et ses sectateurs, ont commencé à en faire de françois, après la lecture des anciens, les ont remplis de leurs mots, de leurs phrases poétiques, de leurs fables, de leur religion, sans se mettre en peine si de telles poésies pourroient plaire à ceux qui n'auroient point étudié; il suffisoit qu'elles fissent admirer la profonde érudition des auteurs. On a imité de même les orateurs : on a harangué en latin, et on a farci des discours françois de passages latins. En un mot, on a cru que se servir des anciens, c'étoit les savoir par cœur, parler des choses dont ils ont parlé, et redire leurs propres paroles; au lieu que pour les bien imiter, soit dans leurs poésies, soit dans leurs discours, soit dans leurs histoires, soit enfin dans leurs différents traités des sciences, il falloit choisir les sujets qui nous conviennent, comme ils se sont appliqués à ceux qui leur convenoient, les traiter comme eux d'une manière solide et agréable, et les expliquer aussi bien en notre langue, qu'ils les expliquoient en la leur.

Cette nouvelle espèce d'étude excita d'abord une manière de guerre entre les savants. Les humanistes, charmés de la beauté des auteurs antiques, et entêtés de leurs nouvelles découvertes, méprisoient fort le commun des docteurs qui s'expliquoient grossièrement et suivoient la tradition des écoles, négligeant le style pour s'attacher aux choses, et préférant l'utile à l'agréable. Les docteurs de leur côté, je dis les théologiens et les canonistes, regardoient ces nouveaux savants comme des grammairiens et des poètes, qui s'amusoient à des jeux d'enfants et à de vaines curiosités, prétendant être seuls en possession des études sérieuses. Mais les humanistes se faisoient bien plus écouter, parce qu'ils écrivoient poliment, et qu'ils avoient appris par la lecture des anciens à railler de bonne grâce. C'est ainsi qu'en usoit Erasme [1], principalement dans les lettres qu'il a écrites sous des noms inventés de divers docteurs pour les tourner en ridicule. Ils s'en fâchoient et en venoient souvent aux injures, trouvant fort mauvais qu'on leur manquât de respect, et que des laïques et des gens profanes se mêlassent d'écrire en latin et de parler de science. L'hérésie de Luther, qui s'éleva peu de temps après, échauffa ces querelles, et les rendit plus sérieuses. Luther [2] vouloit réformer les études aussi bien que la religion. Il ne falloit ni philosophie ni sciences profanes. Il falloit brûler Platon, Aristote, Cicéron et tous les livres des anciens, pour n'étudier que l'Écriture, et donner tout le reste du temps au travail des mains. C'est ainsi que, poussant tout à l'excès, il rendoit odieuses les plus saintes maximes de l'antiquité.

[1] *V. Epist. obscur. viror. Erasm.*
[2] *Ep. ad. nob. Gen., an.* 1520.

La résistance qu'il trouva dans les docteurs de théologie, et les censures de la faculté de Paris et des autres universités, le rendirent leur ennemi irréconciliable. Il les traita avec le dernier mépris; et Mélanchthon, son fidèle disciple, employa tout son esprit et toutes ses belles lettres pour les tourner en ridicule; mais les prétendus réformateurs ne durèrent pas longtemps dans cette première sévérité contre les études profanes. Ils furent bientôt les plus ardents à étudier les humanités, voyant que l'éloquence et l'opinion d'une érudition singulière leur attiroit grand nombre de sectateurs. Ils regardèrent ces études comme des moyens nécessaires à la réformation de l'Eglise et voulurent faire passer le renouvellement des lettres pour le premier signe que Dieu eût donné de sa volonté sur ce point. Il sembloit, à les entendre, que cette connoissance des langues et de l'histoire, qu'ils acquéroient par un travail assidu, fût une marque assurée d'une mission extraordinaire; et se faisant admirer des ignorants, ils les persuadoient aisément que les docteurs catholiques ne savoient non plus la religion que les belles-lettres; mais ils n'eurent pas long-temps ce foible avantage. Les catholiques les combattirent bientôt par leurs propres armes, et se servirent très utilement contre eux de la connoissance des langues originales et des auteurs anciens, suivant leurs propres éditions. On a donc recommencé à étudier les pères grecs et latins, trop peu connus dans les siècles précédents : on a étudié l'histoire ecclésiastique, les conciles, les anciens canons; on a remonté jusqu'à l'origine de la tradition, et on a puisé la doctrine dans les sources. Le sens littéral de l'écriture a été recherché par le secours des langues et de la critique. Je sais bien que plusieurs, même des catholiques, ont poussé ces recherches à de vaines curiosités, et que plusieurs aussi sont demeurés trop attachés à l'ancien style des écoles : tant il est difficile aux hommes de se tenir dans une juste médiocrité.

Le langage de la philosophie scolastique, qui nous est venu des Arabes, n'est digne par lui-même d'aucun respect particulier. Il en est comme de l'architecture de nos anciennes églises. Cette architecture que nous nommons *gothique*, et qui est effectivement arabesque, n'en est ni plus vénérable ni plus sainte, pour avoir été appliquée à des usages saints dans les temps où l'on n'en connoissoit pas de meilleure. Ce seroit une délicatesse ridicule de ne vouloir pas entrer dans les églises qui sont bâties de la sorte; mais ce seroit un aussi vain scrupule de n'oser en bâtir d'une meilleure architecture. Ce seroit aussi une témérité insupportable de mépriser saint Thomas à cause de son style, et de ne vouloir pas y étudier la théologie; mais c'est encore pis de croire que la théologie dépend de ce style scolastique, et de n'oser lui donner une meilleure forme sur les modèles anciens. C'est par hasard que ces idées se trouvent jointes en nous à celles de la religion; et il faut savoir distinguer ce qui vient des mœurs et de la fantaisie des hommes, de ce que sont les choses en elles-mêmes.

Si d'un côté le renouvellement des humanités a rendu nos études plus solides et plus agréables qu'auparavant, il les a rendues d'ailleurs plus difficiles. Car on a plutôt augmenté que changé, et l'on a voulu tout conserver. Ainsi s'est formé peu à peu, et par une longue tradition, ce cours d'études qui est en usage dans les écoles publiques. D'abord la grammaire avec la langue latine, la poétique, c'est-à-dire la structure des vers latins, la rhétorique et par occasion l'histoire et la géographie, puis la philosophie, et ensuite la théologie, le droit ou la médecine, suivant les différentes professions.

CHAPITRE XV.

De l'État présent des Études publiques.

Quoi qu'il en soit, depuis le temps du renouvellement des humanités la théologie scholastique et la philosophie d'Aristote ont beaucoup perdu de leur crédit deçà les monts. Aussi les études sont-elles devenues impossibles par la multitude des choses que l'on y a comprises, et que l'on promet d'enseigner presque en même temps; car suivant l'énumération que j'ai donnée des choses que l'on y enseigne et le plan des écoles, il est comme impossible qu'un jeune homme puisse apprendre, non pas parfaitement chacune de ces sciences, mais même passablement. Comment veut-on qu'un écolier, qui, à seize ou dix-sept ans, touche au moment de finir ses études, sache la grammaire, avec la langue latine, que l'on ne se contente pas qu'il entende, il faut qu'il l'écrive, et qu'il compose non seulement selon les règles et correctement, mais élégamment? Cependant on ne lui a point appris le françois, on suppose qu'il doit le savoir, et qu'il y appliquera lui-même les règles de la grammaire latine pour le parler et l'écrire plus sûrement. On propose à la plupart d'apprendre le grec; quelques-uns s'y attachent et continuent de l'apprendre; d'autres y renoncent; mais le plus grand nombre est de ceux qui en apprennent assez pour avoir un prétexte de dire, tout le reste de leur vie, que le grec s'oublie facilement. Il en est à peu près de même des vers latins : on en dispense quelques écoliers, mais on en fait faire bien ou mal à la plupart, et quelques-uns y réussissent. Ces derniers apprennent les règles de la quantité et de la construction des vers, et acquièrent l'habitude d'en faire, ce qui n'est pas une petite étude. La gloire de faire des vers latins n'en vaudroit pas la peine, mais l'utilité d'entendre mieux la langue, et de composer plus facilement, n'est pas méprisable : c'est ce qu'on appelle humanités, pendant lesquelles on veut qu'un jeune homme ait lu les meilleurs poètes latins, et par conséquent qu'il sache la fable et la mythologie, sans quoi il ne peut y rien entendre. On le prépare dès lors à la rhétorique par les *Chries* et les autres exercices d'aphtome, mais toujours en latin, que l'on suppose qu'il sait dès la troisième classe, quoique souvent il ne le sache pas encore au sortir de la rhétorique : mais c'est un inconvénient presque inévitable dans les études publiques. Il faut supposer que les écoliers soient capables d'entendre ce que l'on doit leur enseigner chaque année. Ils viennent enfin en rhétorique, et l'on veut qu'en un an, ou tout au plus en deux, ils apprennent tout l'art, depuis la structure des périodes jusqu'à la composition des discours entiers; et quoique ce fût déja trop quand ils n'écriroient qu'en françois et n'étudieroient que cela, on veut toujours qu'ils composent en latin, en sorte qu'ils sont partagés par la peine qu'il leur donne, selon qu'ils en savent plus ou moins. On veut qu'ils continuent de faire des vers et de composer en grec, qu'ils apprennent par cœur, qu'ils déclament quelquefois; enfin, qu'ils étudient l'histoire, la chronologie, la géographie, les antiquités, etc. De semblables études rebutent et dégoûtent les moins propres, et sont cause qu'ils n'apprennent rien, et sortent du collége après avoir perdu huit à neuf années de leur jeunesse, qu'ils auroient employées avec succès à l'étude d'une ou deux de ces sciences. Les autres s'attachent à quelques parties qu'ils trouvent plus à leur goût; ceux qui ont le plus de génie en conçoivent ou une plus grande vanité ou une curiosité insatiable. Cependant parmi tant d'études, on ne leur apprend ni à bien écrire en françois, ni les règles de notre poésie; et comme il n'est pas vraisemblable que l'on veuille qu'ils les ignorent, il faut croire que l'on prétend qu'ils apprendront tout cela d'eux-mêmes à leurs heures perdues, quoique, suivant ce plan, ils n'en ayent guère à perdre : car encore faut-il à cet âge qu'ils jouent et qu'ils se divertissent. Mais les études ne sont pas encore finies : il reste la philosophie qui duroit autrefois cinq ans, que l'on réduisit ensuite à trois, et enfin à deux : on l'enseigne encore suivant la méthode scolastique. Si d'un côté on commence à la décharger de quelques questions inutiles sur les universels et les catégories, on y ajoute d'ailleurs tous les jours à l'occasion des nouvelles découvertes de physique, et des opinions de Descartes et des autres qui ont suivi, pour philosopher, des routes extraordinaires. On prétend que pendant les deux années de philosophie, un jeune homme apprendra la logique et la métaphysique : l'on y joint souvent quelques études de mathématiques, et on veut qu'il continue quelque lecture d'humanités, pour ne les pas oublier. Voilà ce qu'on appelle le cours ordinaire des études que l'on fait faire à tous les écoliers, et qui suffit pour être maître-ès-arts. Faisons-y quelques réflexions avant que de passer aux quatre facultés supérieures. Tous ceux qui ont étudié savent que je n'y ajoute rien, et tous les hommes de bon sens, lettrés ou non, peuvent juger s'il est possible qu'en huit ou dix ans des jeunes gens distraits et enjoués, quelque esprit et quelque curiosité qu'on leur suppose, puissent apprendre tant de choses différentes, et quand même ils les auroient apprises, si elles suffiroient pour leur former les mœurs et l'esprit, et pour leur donner les principes qui, pendant tout le reste de leur vie, les feront honnêtes gens et habiles gens. Mais il ne faut point deviner, l'expérience est certaine.

Parlons de bonne foi : que reste-t-il à

un jeune homme nouvellement sorti du collége, qui le distingue de ceux qui n'y ont pas été ? Il entend médiocrement le latin ; il lui reste quelques principes de grammaire, qui sont que, s'il y veut penser, il peut écrire plus correctement qu'une femme. Il a quelque teinture de la fable, des histoires grecques et de l'histoire romaine. Pour la philosophie, il lui en reste aussi quelque idée confuse de matières et de formes, de passions, d'instinct et d'appétit sensitif. Il tient pour des axiomes indubitables que la nature abhorre le vide, et que chaque chose tend à son centre. Au reste, il croit n'avoir plus rien à apprendre, puisqu'il a fait ses études. Le temps qu'il y a employé, la peine qu'il prétend s'y être donnée, et les écrits qui lui en restent lui donnent droit, ce lui semble, au titre de savant auquel un honnête homme doit prétendre ; et s'il a assez d'esprit pour s'apercevoir qu'en effet il ne sait pas grand'chose, il est à craindre qu'il ne s'en prenne aux études mêmes. Je ne parle que du commun des écoliers : car ceux qui se distinguent le plus entr'eux, et qui arrivent aux couronnes et aux prix, n'y parviennent que par une prodigieuse mémoire qu'ils cultivent avec soin, pour se faire admirer; l'imagination bien plus que le jugement se fait remarquer en eux; ils vous débiteront par cœur un grand nombre de vers, que souvent ils n'entendent que foiblement; ils en composent à peu près de même, ainsi que des amplifications en prose; ils ne cherchent que le brillant, les belles pensées et ce qui peut faire paroître leur bel esprit. Ils savent à peu près la mythologie, les généalogies des dieux et des héros, la vie de Miltiade, d'Épaminondas; quelques curiosités des mœurs des anciens Romains. La philosophie leur fournit un grand fonds de raisonnements, bons ou mauvais, sur toutes sortes de sujets; ils sont ardents à la dispute par émulation, et opiniâtres faute de savoir et par mauvaise honte ou amour-propre. Voilà les mauvais effets de la prodigieuse quantité d'études dont on accable les jeunes gens. Ceux qui ont de l'esprit et de l'application sont réduits à s'attacher à quelque partie qui est plus de leur goût en cet âge où ils n'ont pas encore le jugement mûr. Les autres, dégoûtés et désespérant de pouvoir apprendre tant de choses, s'abandonnent à la paresse et au jeu qui les attire si puissamment à cet âge; ils s'acquittent seulement de leurs devoirs à l'extérieur pour contenter leurs parents et leurs maîtres.

Il semble qu'il vaudroit mieux promettre moins aux écoliers, et réduire leurs études à ce qu'il leur est absolument nécessaire de savoir, et à ce qu'il est possible de leur bien enseigner pendant le temps qu'elles durent. Par exemple, à quoi bon faire étudier tant de gens en philosophie ?

Je sais bien que les pères grecs appellent d'ordinaire la vie chrétienne *philosophie*, parce que c'est l'étude de la véritable sagesse, et qu'ils vouloient opposer les vrais philosophes, tels qu'étoient les moines, aux imposteurs dont la philosophie n'étoit que mensonge et vanité. Je sais bien encore qu'ils se servoient fort utilement des écrits de Platon et des autres anciens contre les païens et contre les hérétiques, mais on ne demandoit point cette érudition profane à la plupart des prêtres ni des évêques.

En récompense on leur demandoit beaucoup plus de vertu que l'on n'a fait depuis le temps où l'on a voulu que les théologiens fussent auparavant philosophes. Du moins si quelque philosophie leur est nécessaire, on devroit leur donner celle des pères, particulièrement de saint Augustin, qui a si bien expliqué les premiers principes des connoissances humaines, et montré leur usage pour la véritable religion, en purifiant la philosophie de Platon, plutôt que de leur donner celle d'Aristote et des autres Grecs païens, ses commentateurs, ou des Arabes mahométans.

Cependant il est vrai que cette philosophie arabesque est devenue un instrument nécessaire pour notre théologie, parce qu'elle en a pris le langage, ce qui produit un cercle ridicule; car ce langage étranger à la théologie, n'y a été autrefois introduit que par les philosophes, et aujourd'hui il ne faut pas être philosophe pour entendre ce langage J'avoue, dira quelqu'un, que notre philosophie n'est pas si solide que celle des anciens, aussi n'y donnons-nous pas tant de temps: nous passons ensuite à d'autres études : et qu'importe de quel nom on appelle cette étude, par où l'on commence à exercer l'esprit des jeunes gens. Il importe fort pour deux raisons; la première, que ce grand nom trompe les écoliers et leur fait croire qu'ils acquerront en deux ans toute la science des choses divines et humaines : car quoique l'on n'ait pas gardé l'ancienne philosophie, on en a gardé la définition qui est fort aisée à dire et à retenir par cœur. Puisqu'ils voient que sous cette promesse si magnifique on ne leur enseigne que des spéculations abstraites, qui ne leur donnent aucun plaisir, et dont ils ne voient aucune utilité dans la vie, ils se dégoûtent des sciences : les plus modestes croient n'avoir pas assez d'esprit, puisqu'ils ne comprennent rien de solide à ce que le maître et les écoliers semblent entendre. Les plus hardis s'en prennent aux sciences et croient qu'il n'y en a point, ou qu'elles n'amènent à rien. Les plus grossiers, au contraire, en tirent une sotte vanité, et après avoir fait leur cours de philosophie, s'ils ont étudié leurs cahiers, et surtout s'ils ont soutenu des thèses, ils se croient à peu près égaux aux disciples de Platon et d'Aristote, et aux autres à qui ils voient dans les livres que l'on donne le nom de *philosophes*.

L'autre inconvénient de nommer philosophie ce langage des scolastiques, est que l'on rend ce grand nom méprisable aux gens qui n'ont point de lettres; aux femmes et aux hommes du monde qui jugent de tous les philosophes anciens et modernes par ceux à qui on en donne le nom dans nos écoles, et les méprisent tous également. De là vient que Platon, le plus excellent de tous les auteurs profanes, et l'un des plus agréables, est peu lu, même des savants, et n'est point encore traduit en notre langue. De là vient que ceux qui lisent les traductions de Xénophon, d'Épictète et des autres, s'étonnent que des philosophes raisonnent de si bon sens.

C'est le même abus qui a décrié le nom de rhétorique et de poésie, et de la plupart des beaux-arts, et qui en donne les fausses idées qui font que nous les pratiquons si mal; car il est naturel de croire qu'une chose est effectivement ce que son nom nous représente. Quoiqu'il fût à souhaiter que tous les hommes, du moins ceux qui étudient, devinssent véritablement philosophes, il est si peu raisonnable de l'espérer; ce que l'on enseigne sous le nom de philosophie répond si peu à ce grand nom, qu'il semble que la plupart de ceux qui l'étudient pourroient bien s'en passer, du moins la plus grande partie. Il faudroit la réduire à une bonne logique, car tout le reste de la philosophie n'est point nécessaire pour acquérir les autres sciences; au contraire, ce sont toutes les sciences, jointes à la pratique de toutes les vertus, qui forment la vraie philosophie, à laquelle par conséquent on ne peut arriver humainement que dans un âge mûr, si quelqu'un est assez heureux pour y arriver. Mais soit pour toute la philosophie, soit pour la logique, il est encore plus certain que les autres arts que l'on met devant, comme la grammaire, l'histoire, la géographie, la chronologie, et tout ce qu'on appelle humanités, n'y sont aucunement nécessaires. Pour apprendre à raisonner droit, il n'est point besoin de savoir le latin, ni aucune autre langue : on peut même l'apprendre à un muet, pourvu que l'on ait des signes assez distincts pour lui expliquer des réflexions sur les pensées. Il est encore moins besoin de savoir les règles de la poésie, ou la mesure des vers, même en sa langue, ou d'avoir assez d'imagination pour en faire.

Pour l'éloquence, elle suppose le raisonnement déja formé, puisqu'elle y ajoute le mouvement et l'expression : car elle ne consiste pas, comme croient les ignorants, à dire de belles paroles qui ne signifient rien, mais à faire valoir les bonnes raisons. On pourroit donc se contenter de la grammaire en langue vulgaire, c'est-à-dire ce qu'il faut pour parler et écrire correctement, en ajoutant seulement à ces deux études celle de la langue latine pour ceux qui doivent être théologiens ou jurisconsultes.

Passons maintenant aux facultés supérieures de théologie, de jurisprudence et de médecine, et voyons si le temps y est à proportion mieux ménagé. Quand on a ordonné les trois ans d'étude en théologie, et les deux ans dans les autres facultés avant que d'arriver au degré de bachelier, on a sans doute prétendu que celui qui auroit étudié pendant ces deux ou trois ans, pourroit être suffisamment instruit de chacune de ces sciences : cependant la curiosité et l'émulation des professeurs a fait que pendant ce temps il faut que l'écolier se contente d'apprendre quelques traités qui ne sont qu'une petite partie du cours entier. Par exemple, le cours de théologie, suivant le projet et l'ancienne institution de nos écoles, seroit de lire toute la somme de saint Thomas, et en expliquer les difficultés. Il paroît, par la préface, que ce saint n'a prétendu y mettre que le nécessaire, et le sommaire de toute la théologie; car c'est ce que porte le nom : pour servir d'introduction à ceux qui commencent cette étude, et les mettre en état d'approfondir ensuite. Cependant les professeurs depuis long-temps ne lisent plus à leurs disciples le texte de saint Thomas, ils se contentent de leur dicter ses traités qui en sont de très amples commentaires. Ainsi un écolier, pendant ces trois années, apprendra deux ou trois traités, comme des attributs de la trinité, de l'incarnation; il verra ce que l'on peut dire de plus curieux sur ces mystères; toutes les questions que l'on a proposées dans les écoles, jusqu'aux plus vaines; toutes les hérésies anciennes et modernes, toute la critique de l'histoire; mais cependant il demeurera absolument ignorant de la morale et de la doctrine des sacrements, ou s'il apprend de ces derniers traités, il faudra qu'il renonce aux autres. S'il s'attache à la positive, ce sera encore le même inconvénient : on lui expliquera fort au long un livre de l'écriture en particulier, sans lui expliquer les autres, qu'il ne lira peut-être jamais.

Je vois bien d'où est venu cet usage : un docteur a passé sa vie dans l'étude de la théologie scolastique, et en a tellement l'esprit rempli, qu'il compte peu les autres sciences, et même les autres études qui regardent la religion. Dans la théologie où il s'est borné, il fait peu de cas des premières notions et des connoissances triviales; il n'estime que ce qui lui paroît rare et curieux, c'est-à-dire les dernières subtilités et les nouvelles découvertes; car, humainement parlant, chaque savant cherche à faire valoir ce qui le distingue des autres. Mais c'est justement ce qui est le moins utile à l'écolier, et dont il est le moins capable : car, supposez, comme c'est le plus ordinaire, un homme d'un esprit médiocre, qui n'a pas beaucoup de mémoire ni de curiosité, qui ne peut donner à la théologie que deux ou trois ans, pour prendre ensuite une cure à la campagne, ou travailler dans une paroisse de Paris, il est évident que ces longues études ne lui conviennent pas :

on lui feroit bien plus de plaisir de ménager ce temps pour lui donner les principes de toute la théologie spéculative et morale; lui en ouvrir le chemin pour lire utilement tout le reste de sa vie l'Ecriture-Sainte, les Canons et les Pères autant qu'il en aura la commodité; enfin, le mettre en état de bien faire un catéchisme et un prône, et de bien administrer les sacrements. Qu'il y ait cependant quelques docteurs qui passent leur vie à étudier profondément la théologie, pour réfuter les hérétiques, et donner de salutaires conseils sur les questions de morale et de discipline; mais un petit nombre suffit, et ce ne doit pas être le but du commun des étudiants.

Je laisse aux jurisconsultes et aux médecins à examiner leurs études publiques. Je sais bien que ce qui a fort décrié depuis un siècle les écoles de droit, est que les années entières se passoient à expliquer un titre ou deux du Digeste, en sorte qu'il eût fallu un siècle pour expliquer tous les titres des cinquante livres, et d'autres siècles pour le Code et pour les

Novelles. Tout cela n'étoit encore que le Droit romain, où il faut ajouter la connoissance de nos Coutumes, de nos Ordonnances et de notre Procédure.

Je sais que les médecins donnent bien du temps à l'étude du grec et du latin, et je ne vois pas à quoi sert la connoissance si parfaite de ces langues pour guérir des maladies. Je sais que l'on traite fort au long dans leurs écoles de la nature des quatre élémens, et du corps mixte qui en résulte, et des causes générales des maladies, et j'ai toujours ouï dire qu'au sortir de ces écoles, un jeune docteur se trouve bien empêché quand on l'appelle pour traiter un malade. Tous ces inconvénients ont, ce me semble, la même cause d'avoir demandé tant de choses aux étudiants, qu'on les a réduits à l'impossibilité et à la nécessité de s'attacher à quelque partie qui ne s'est pas toujours rencontrée la plus utile.

En effet, peut-on croire qu'il n'y ait rien de plus utile aux jeunes gens que de savoir la langue latine et la grammaire latine? de haranguer en latin et faire des vers en cette langue? de connoître l'histoire romaine, les mœurs des Romains, leurs manières de faire la guerre et de rendre la justice? cependant c'est à quoi l'on réduit ordinairement les humanités. Je ne dis pas que ces connoissances ne soient utiles, mais assurément il y en a qui le sont plus : nous sommes plus pressés d'apprendre à bien parler et à bien écrire en notre langue et à vivre selon nos mœurs. Nous sommes également plus pressés à nous mettre en état de raisonner juste sur les matières ordinaires de la vie, que de disputer sur les degrés métaphysiques, sur l'acte et sur la puissance ou sur la nature de l'infini. Il semble donc que nous devons accommoder nos études à l'état présent de nos mœurs, et étudier les choses qui sont d'usage dans le monde, puisqu'on ne peut pas changer cet usage, pour l'accommoder à l'ordre de nos études.

Mais, dira-t-on, ces études sont bonnes, au moins pour l'école : comme si l'école étoit un état désirable par lui-même, et non pas un moyen et un chemin pour arriver aux connoissances nécessaires à la vie. Dans un voyage, tout l'équipage qui ne sert pas à faire marcher plus commodément ou plus vite, est un embarras inutile, parce qu'on ne marche pas pour marcher : or, on ne doit pas non plus étudier pour étudier. Au reste, c'est une grande erreur de croire qu'il faille amuser les jeunes gens de choses inutiles, lorsqu'ils ne sont pas encore capables d'idées sérieuses; ils donnent assez d'eux-mêmes dans la bagatelle, et on ne peut travailler trop tôt à les en tirer, pourvu qu'on le fasse avec discrétion. Que si l'on veut donner quelque chose à l'âge, qu'on les laisse jouer et se divertir, et qu'on leur donne des amusements réjouissants, mais qu'on ne les fatigue pas d'études inutiles et désagréables tout ensemble, qui n'ont rien de commun avec les amusements de la jeunesse que l'inutilité, et qui ne ressemblent aux occupations sérieuses que par la peine qu'elles donnent. Il faut les occuper à quelque chose, et à quelque chose de difficile pour les accoutumer à l'application, je le veux :

mais n'y a-t-il rien de plus propre à cela que la question de l'universel, *à parte rei*, ou de l'invocation de l'être? La géométrie fera le même effet, la jurisprudence le fera d'une autre manière, et il en restera de grandes utilités. Les gens d'esprit voient bien sans doute tout cela : mais, quoi ! l'un veut que son fils soit officier de robe, l'autre désire qu'il ait un bénéfice ; il faut des degrés, et pour y arriver, il faut des attestations comme l'on a étudié dans les formes ; l'autre regarde l'opinion du monde, et ne veut pas qu'on lui reproche d'avoir manqué à l'éducation de son fils par une conduite singulière. Ainsi plusieurs regardent les études non pas tant comme un moyen de faire qu'un enfant devienne honnête homme et habile homme, que comme une formalité nécessaire pour faire arriver à diverses professions, ou comme une marque d'homme de condition honnête. On les met presque au rang de certains embarras de cérémonies et d'ornements que la mode rend nécessaires : plusieurs aussi les embrassent comme un moyen de vivre, et ces derniers ont raison de n'étudier que ce qui est en usage dans les écoles, quelque inutile qu'il soit dans le fond, puisqu'ils veulent se borner aux écoles mêmes : car les questions de philosophie les plus creuses sont fort solides pour les professeurs, à qui elles attirent beaucoup d'écoliers. Il faut encore avouer qu'il y a un grand nombre de pères ignorants qui, sans savoir ce qu'on devroit étudier, ni ce qu'on étudie en effet dans les écoles, y envoient leurs enfants sur la foi publique, ne doutant point qu'ils ne deviennent savants en suivant le chemin de ceux qui passent pour l'être : ces bonnes gens sont les plus excusables de tous ; car, en gros, leur intention est très bonne. Ils veulent sérieusement le bien de leurs enfants ; ils sentent par leur expérience les maux de l'ignorance et de la mauvaise éducation, et croient que le remède se trouve infailliblement dans les études ordinaires ; que s'il leur paroît que ce que leurs enfants apprennent est inutile, ils croient que c'est leur faute, et que les gens de lettres en voient bien l'usage. Maintenant je crois qu'il est facile de résoudre la question que j'ai proposée.

D'abord, si les études sont aujourd'hui plus estimées que méprisées, et s'il arrive quelquefois qu'elles soient peu estimées et qu'elles attirent peu de considération à ceux qui s'y appliquent, il s'en faut prendre au peu de choix et au défaut de la méthode. Que si cette méthode, qui nous paroît défectueuse, se trouve en quelque façon autorisée par l'usage public des écoles, il ne faut s'en prendre qu'au temps, qui ruine insensiblement les plus belles institutions : c'est ce que j'ai fait voir en particulier dans l'histoire que j'ai réduite.

Jusqu'ici j'ai montré quelles étoient les études chez les Grecs, comme elles passèrent aux Romains, comme elles changèrent par l'établissement du christianisme et par la ruine de l'empire ; que les clercs et les moines en conservèrent quelques restes pendant les plus grands désordres, et qu'elles se relevèrent en même temps que l'autorité royale. Ce fut alors que l'on abandonna les langues et les belles-lettres, que l'on emprunta la philosophie des Arabes, et ce fut alors que se forma la théologie scolastique, la jurisprudence fondée sur le décret de Gratien, et le droit de Justinien ; la médecine fondée sur les livres et les raisonnements généraux. On rassembla toutes les études dans les universités, sous le nom des sciences les plus utiles à la vie : on enseigna beaucoup de questions inutiles ; on régla toute la discipline des universités comme pour des clercs ; on ne songea point à l'instruction de la noblesse, ni de tout le reste des laïques ; il n'y eut aucun établissement public pour leur éducation ; les gens de lettres devinrent comme une nation particulière et assez différente des autres hommes.

Ils négligèrent les mœurs, et plusieurs n'étudièrent que par intérêt, en sorte que les études dégénérèrent en formalités ; ensuite les humanités se renouvelèrent ; on étudioit le grec, le latin, l'histoire, tous les auteurs antiques ; on cultivoit les langues vulgaires. Ces études, suspectes pendant quelque temps, furent admises enfin dans les écoles publiques, hors l'étude des langues vulgaires, et de tout ce qui ne se trouve point dans les livres des anciens.

On a vu principalement par cette histoire que ce cours réglé d'études que nous suivons aujourd'hui n'a pas été formé tout d'un coup avec dessein et sur des principes certains, ou de raisonnement ou d'expérience, mais qu'il est venu insensiblement par une ancienne tradition qui s'est fort altérée par la suite des siècles, comme il arrive dans toutes les choses de la vie, où l'on n'agit que par exemple ou par coutume. Ainsi, quoique j'aie un grand respect pour l'autorité de nos ancêtres, et encore plus pour celle des puissances ecclésiastiques et temporelles qui ont confirmé de temps en temps l'ordre des études publiques, je crois qu'il est permis de mettre à part l'autorité de la coutume pour raisonner librement sur la matière des études, comme les philosophes les plus soumis aux lois de leur pays ne laissent pas de raisonner sur les lois et sur la politique.

Je parlerai des études en général, quoique mon principal dessein soit de me réduire à celles qui sont le plus à l'usage des jeunes gens que l'on instruit en particulier. Je ne prétends point donner des mémoires pour la réformation des études publiques. Je ne les ai pas assez examinées, et les régler seroit l'ouvrage d'un législateur. Je laisse à ceux qui y ont passé à juger si dans les écoles on n'enseigne rien que d'utile, et si on y enseigne tout ce qui est nécessaire. Je me renferme seulement dans ce qui est de ma connoissance particulière, et je proposerai simplement mes réflexions et mes expériences.

CHAPITRE XVI.

Du choix des Etudes.

Il me semble qu'il faut premièrement examiner ce que c'est que l'étude, et quel but on doit se proposer en étudiant.

Amasser beaucoup de connoissances, même avec un grand travail, et se distinguer du commun en sachant ce que les autres ne savent point, tout cela ne suffit pas pour dire que l'on étudie : autrement ce seroit étudier que de compter toutes les lettres d'un livre, ou toutes les feuilles d'un arbre; puisque ce seroit une occupation fort pénible qui se termineroit à une connoissance fort singulière. Mais pourquoi cette application seroit-elle ridicule, sinon parce qu'elle ne seroit ni utile ni agréable ? Il faut donc que ce que l'on doit nommer *étude*, ait pour but au moins le plaisir de la connoissance. Encore le plaisir ne suffit pas pour justifier les études qui nuisent à de meilleures études, où à d'autres occupations plus utiles. On auroit pitié d'un malade qui ne chercheroit qu'à s'habiller proprement et manger tout ce qui flatteroit son goût, au lieu de s'appliquer sérieusement à se guérir. On se moqueroit d'un jeune artisan qui, pendant son apprentissage, s'amuseroit à dessiner ou à jouer des instruments, au lieu d'apprendre son métier. Il auroit beau dire qu'il y prend plaisir, et que la peinture et la musique sont des arts plus nobles que la menuiserie ou la serrurerie: Laissez tout cela, lui dira-t-on, aux musiciens et aux peintres, le temps que vous donneriez à leur métier vous empêcheroit d'apprendre le vôtre. Tout ce que l'on peut vous permettre, c'est de vous y divertir les jours de fête, au lieu de faire la débauche avec vos camarades. On pourroit en dire de même à la plupart des jeunes gens. Votre éducation doit être l'apprentissage de votre vie : vous devez y apprendre à devenir honnête homme, et habile homme selon la profession que vous embrasserez : appliquez-vous uniquement à ce qui peut vous rendre tel, et consolez-vous de l'ignorance de tout ce que l'on peut se passer de connoître, et ne pas laisser que d'être heureux. Mais la grammaire, la poétique, la logique, me divertissent : je trouve un grand plaisir à savoir plusieurs langues, à tirer des étymologies, et faire différentes réflexions sur le langage des hommes : j'aime à juger des styles, et à examiner les règles de la poésie : j'aime ces doctes spéculations sur la nature du raisonnement, et ces énumérations exactes de tous ceux qui peuvent former une conclusion. Vous avez raison : toutes ces connoissances sont agréables : elles sont même fort honnêtes, et peuvent vous servir jusques à un certain point. Mais prenez garde que le plaisir ne vous emporte, et que vous n'y donniez trop de temps. La physique a encore de grands charmes. Si vous vous abandonnez aux mathématiques, vous en avez pour votre vie. Il y a des gens qui la trouvent trop courte pour l'étude de l'histoire : et il y en a qui la passent à de pures curiosités de voyages ; à acquérir de l'intelligence dans les beaux-arts, comme la peinture et la musique, ou à rechercher des choses rares. Cependant quand apprendrez-vous à vivre, et quand vous instruirez-vous des choses particulières à votre profession ? Il faut retrancher ces plaisirs, si vous ne savez pas les modérer ; et si vous pouvez y garder une mesure raisonnable, à la bonne heure : donnez-y le temps que les autres donnent à la bonne chère, au jeu, et à des visites inutiles. Mais ayez soin toutefois de garder du temps pour exercer votre corps, et pour relâcher entièrement votre esprit; car la santé et la liberté d'esprit est préférable à toute la curiosité. Outre le plaisir, il y a encore une grande tentation à éviter ; c'est celle de la vanité. Combien y a-t-il d'études que l'on ne fait que pour paroître, pour se distinguer, pour étonner les ignorants? Le moyen de les reconnoître, est de penser à ce que l'on étudieroit, si l'on devoit vivre en solitude, et ne parler jamais à personne.

On ne doit donc nommer étude que l'application aux connoissances qui sont utiles dans la vie : il y en a de deux sortes; les unes sont utiles pour agir et pour s'acquitter dignement des devoirs communs à tous les hommes, ou de ceux qui sont propres à chaque profession [1]; les autres sont utiles pour s'occuper honnêtement dans le repos et profiter du loisir, évitant l'oisiveté et la débauche. Le pre-

---

[1] *V. Arist. polit.*, l. 8, ch. 5

mier but doit être l'action de l'homme comme homme, dont la perfection est la vertu morale, ensuite on le regarde comme membre de la société civile. Il est encore très important de bien employer les intervalles de l'action. Toutes les actions des hommes ne tendent qu'au repos et au loisir, et cet état est le plus dangereux pour ceux qui ne savent pas en bien user; mais ceux qui en profitent acquièrent les connoissances qui peuvent servir à conduire et leurs actions et celles des autres, et goûtent, en les acquérant, les plaisirs les plus purs de cette vie : ainsi, comme par le travail du corps on se procure la nourriture que le corps reçoit avec plaisir, et qui lui redonne des forces pour travailler de nouveau, de même, par les affaires et par les actions de la vie, on se procure le repos, ou l'on apprend à se conduire dans les actions suivantes, et on l'apprend avec plaisir. La Providence a tellement disposé le corps des enfants, que lorsqu'ils ne sont point encore capables de travail, ils demandent une grande quantité de nourriture qui les fait croître et les fortifie. Il en est de même de l'âme : il n'y a point d'âge où l'on apprenne si facilement, et où l'on désire tant d'apprendre, que la première jeunesse encore incapable d'agir, au lieu que la vieillesse, qui n'en est plus capable, est très capable d'instruire, et y a grande inclination ; en sorte qu'il n'y a aucun état de la vie qui ne soit fort utile, si l'on sait répondre aux intentions du Créateur.

La jeunesse est donc un temps fort précieux, jamais la curiosité ni la docilité ne sont si grandes ; les enfants veulent tout savoir, tous les objets leur sont nouveaux, et ils les regardent avec attention et admiration ; ils font sans cesse des questions, ils veulent essayer de tout, et imiter tout ce qu'ils voient faire : d'ailleurs ils sont crédules et simples ; ils prennent les paroles pour ce qu'elles signifient, jusqu'à ce qu'ils aient appris à se défier, en éprouvant que l'on ment et que l'on trompe : ils prennent telle impression que l'on veut, n'ayant encore ni expérience ni raisonnement qui y résiste :

jamais la mémoire n'est plus facile ni plus sûre; et selon qu'en cet âge on s'accoutume à penser à certaines choses plutôt qu'à d'autres, on s'y applique dans tout le reste de sa vie avec plus de facilité et de plaisir. Il est évident que Dieu a donné toutes ces qualités aux enfans, afin qu'ils pussent apprendre ce qui doit leur servir dans le reste de la vie; et il est de la même providence de ne leur avoir pas donné ces qualités en vain, mais de leur avoir donné en même temps la capacité de retenir tout ce qui leur est nécessaire, et les moyens extérieurs de l'apprendre : c'est la faute de ceux qui nous ont instruits, et la nôtre ensuite, s'il nous manque quelqu'une de ces connoissances nécessaires : de là vient que l'ignorance de nos devoirs nous rend coupables. Or la capacité que nous avons de connoître et de retenir n'est pas petite; et il n'y a point d'homme si peu instruit, et d'un esprit si grossier, pourvu qu'il ne soit pas tout-à-fait stupide, qui n'ait une quantité prodigieuse de connoissances. Prenez un paysan qui ne sait point lire, et qui n'a point appris de métier, il sait comment se font les choses les plus nécessaires pour la vie, quel en est le prix, quels sont les moyens de les avoir : il connoît les arbres et les plantes de son terroir, la qualité des terres, les différentes façons qu'elles demandent ; et les saisons du travail, la chasse ou la pêche selon le pays, et une infinité de choses semblables, utiles et solides, ignorées pour l'ordinaire de ceux que l'on appelle *savants*.

On peut dire que les causes naturelles de cette grande capacité de l'esprit humain et de nos pensées en cette vie ont toutes quelque mouvement du cerveau qui leur répond ; il est même assez probable que la mémoire, tant qu'elle appartient au corps, ne consiste que dans ce trésor d'impressions différentes qui restent dans le cerveau après les diverses agitations qui ont accompagné chaque pensée. Or, la grande quantité de cerveau, la délicatesse de sa substance, la multitude des retours et des involutions qui s'y voient, font penser assez raisonnablement qu'il est composé d'une multitude incroyable de fibres très déliées, et d'une très grande longueur de même nature, ou plutôt les mêmes qui composent les nerfs dans tout le reste du corps; et si cela est, il n'est pas difficile de concevoir qu'il s'y puisse conserver un nombre merveilleux de différentes impressions, vu que dans le fond de notre œil qui est si petit, se peignent tout à la fois le ciel et la terre, et tout ce que nous voyons d'un seul regard, encore faut-il que toutes ces images passent par le trou de la prunelle sans se confondre. Les ignorants ne sont donc pas des gens qui ne pensent à rien, et qui n'aient rien dans la mémoire; ils y ont moins de choses, et pensent souvent aux mêmes, sans ordre et sans suite, ou bien ils pensent à quantité de choses, mais petites, basses, vulgaires et inutiles. Les premiers sont plus grossiers, ceux-ci plus légers. Les savants, au contraire, et les habiles gens, ne sont pas toujours des gens qui aient le cerveau mieux disposé que les autres : ils l'exercent plus, ils pensent à plus d'objets, plus grands, plus nobles, plus utiles.

Mais quelque grande que soit, même dans les naturels les plus heureux, cette capacité d'apprendre et de retenir, il est clair qu'elle est bornée, puisqu'elle dépend, du moins en partie, du corps et de la disposition du cerveau, et que l'âme même est une créature dont la vertu est finie : d'ailleurs la vie est courte, la plus grande partie s'emploie aux besoins du corps, et le reste nous est plus donné pour agir que pour apprendre ; enfin, sans parler de ce qui est au-dessus de notre portée, il ne faut pas croire qu'aucun homme en particulier puisse savoir tout ce qui est de la portée de l'esprit humain. Quiconque aura la vanité d'y prétendre, laissera quantité de connoissances utiles, pour se charger de quantité de superflues, et dans celles-là même il trouvera toujours des pays qui lui seront inconnus. Il faut donc ménager le temps, et choisir avec un grand soin ce que nous devons apprendre, d'autant plus que l'on n'oublie pas comme l'on veut, et que les connoissances ne sont pas chez nous comme des tableaux ou des médailles que l'on met dans un cabinet pour ne les regarder que quand on veut et s'en défaire quand on n'en veut plus. Nous n'avons point d'autre lieu où mettre nos connoissances que notre mémoire et notre âme même; elles y demeurent malgré nous, souvent toute notre vie; et celles dont nous voudrions le plus nous délivrer, sont celles qui se présentent le plus à nous. De plus, ce sont nos pensées bonnes ou mauvaises qui forment nos mœurs; de sorte qu'une erreur que nous avons embrassée est comme un poison que nous aurions avalé, et dont il ne seroit plus en notre pouvoir d'empêcher l'effet. que si nous sommes obligés à bien choisir ce que nous étudions nous-mêmes, nous devons y regarder de bien plus près pour instruire les autres, principalement les enfants : il y a plus d'injustice à prodiguer le bien d'autrui que le nôtre ; et c'est une espèce de cruauté de faire égarer ceux que l'on nous donne à conduire. On ne croit pas d'ordinaire que ce choix soit d'aucune importance pour les petits enfants. Lorsque les premières pointes de lumière commencent à paroître en eux, on leur laisse prendre quantité de mauvaises impressions qu'il faut détruire dans la suite. Au lieu de les aider, on fortifie leurs défauts : ils sont crédules, on leur conte Peau-d'Ane, et cent autres fables impertinentes qui occupent leur mémoire dans sa première fraîcheur : ils sont timides, on leur parle de loups garous et de bêtes cornues ; on les en menace à tous moments : on flatte toutes leurs petites passions, la gourmandise, la colère, la vanité ; et quand on les a fait tomber dans les pièges, quand ils disent une sottise, tirant droit une conséquence d'un principe impertinent qu'on leur a donné, on éclate de rire, on triomphe de les avoir trompés, on les baise et on les caresse comme s'ils avoient bien rencontré. Il semble que les pauvres enfants ne soient faits que pour divertir les grandes personnes, comme de petits chiens ou de petits singes ; cependant ce sont des créatures raisonnables que l'Évangile nous défend de mépriser, par cette haute considération qu'ils ont des anges bienheureux pour les garder[1]. Combien les hommes, et surtout les parents, sont-ils donc obligés d'en prendre soin pour cultiver leur esprit et former leurs mœurs ! Mais quoi ! dira-t-on, faut-il élever les enfants tristement, ne leur parlant que de choses sérieuses et relevées ? Point du tout : il faut seulement se donner la peine de s'accommoder à leur portée pour les aider doucement.

CHAPITRE XVII.

Méthode pour donner de l'attention.

Il ne manque aux enfants que deux choses pour bien raisonner: l'attention, et l'expérience. La mobilité de leur cerveau, qui fait qu'ils s'agitent sans cesse, et ne peuvent durer en place, fait aussi qu'ils ne peuvent considérer long-temps un même objet, et encore moins remarquer l'ordre et la liaison de plusieurs choses. Le peu de connoissance qu'ils ont

[1] *Matth.* xviii, 10.

des choses particulières, fait qu'ils manquent des principes de raisonnement qui se tirent des faits, des lois de la nature, et de l'institution des hommes. Car pour les principes qui sont purement de lumière naturelle, ils les ont dès-lors, tels qu'ils les auront toute leur vie, et ils ont aussi l'idée d'une bonne conséquence, qui semble être ce que l'on dit appeler raison. Ils peuvent donc errer, quand ils mettent un principe positif, ou quand ils ne font pas assez d'attention aux principes naturels; mais ils tirent droit leurs conclusions, et s'ils n'avoient dès-lors la notion des grands principes et la notion des bonnes conséquences, ils ne l'auroient jamais. Les hommes ne se donnent point les uns aux autres ces lumières : elles ne viennent que du Créateur, puisqu'elles sont le fond de la raison même.

Le defaut d'expérience est le premier auquel on peut remédier, répondant à toutes leurs questions avec la même simplicité qu'ils les proposent, leur disant la vérité de tout ce qui leur est utile de savoir, et s'expliquant très clairement. On ne se contentera pas de satisfaire leur curiosité sur tous les objets sensibles qui les font parler : on leur contera des histoires utiles, comme celle de la religion, et celles de leur pays : mais on aura soin de leur expliquer tout ce dont ils n'ont point encore d'expérience, afin qu'ils ne disent rien, s'il est possible, dont ils n'aient une idée nette dans l'esprit. On peut aussi leur apprendre quelques fables, comme celles des faux dieux de l'antiquité et les fables d'Esope, qui serviront pour la morale. Ces badineries les divertissent, et ne leur feront point de mal, quand on ne les leur donnera que pour ce qu'elles sont. Mais il ne faut jamais les tromper. Pour l'attention, il faut la procurer aux enfants doucement et avec beaucoup de patience ; elle viendra avec le temps ; et quand ils commenceront à en être plus capables, on pourra l'exciter d'abord par le plaisir de quelque connoissance qui les attache; ensuite par la crainte, par les menaces, et même par les châtiments ; mais il faut en venir à ces derniers moyens le plus tard qu'il est possible.

Quant aux premières instructions, je voudrois qu'on les leur donnât, sans qu'ils s'aperçussent que l'on ait dessein de les instruire. Quand l'enfant seroit las de courir et de s'agiter, qu'on lui contât tantôt l'histoire du paradis terrestre, tantôt le sacrifice d'Abraham, ou les aventures du patriarche Joseph : une autre fois quelque fable, comme j'ai marqué, sans l'obliger à redire ce qu'il auroit appris; mais lui laissant redire de lui-même quand il seroit en belle humeur. Il y a aussi diverses industries pour exercer la curiosité des enfants en ce premier âge. Des peintures et des images, que l'on leur présente, afin qu'ils en demandent l'explication. Des entretiens que l'on fait devant eux, comme sans songer à eux, et que l'on continue, quand ils s'y appliquent, leur adressant même la parole. Quand on en a plusieurs ensemble, l'émulation peut beaucoup servir : on peut conter à l'un devant l'autre ce que l'on veut que l'autre apprenne; on peut proposer pour récompense, à celui qui sera le plus obéissant dans les autres choses, de lui conter une belle histoire. Il faut louer souvent devant eux la science et l'étude, sans qu'il paroisse que ce soit pour eux. Enfin il faut étudier le naturel et l'inclination particulière de chaque enfant, pour le faire appliquer de lui-même, par le plaisir ou par quelqu'autre motif qui le touche. C'est pour cela qu'il leur faut tendre des pièges de tous côtés, et les tromper autant que l'on peut; et non pas pour les rendre défiants et malicieux, qui est ce que l'on appelle *les déniaiser*. Surtout il se faut bien garder dans les premières années où les impressions qu'ils reçoivent sont très fortes, de joindre tellement l'idée des verges à celle d'un livre, qu'ils ne pensent à l'étude qu'avec frayeur. Ils ont peine à en revenir; et il y en a qui n'en reviennent jamais. Il faut au contraire les entretenir dans la joie, qui est si naturelle à cet âge, rire et badiner quelquefois avec eux, pourvu que l'autorité n'en souffre pas, et attendre plutôt quelques années de plus à commencer les instructions sérieuses et l'étude réglée.

Comme le cerveau des enfants est fort tendre, et que tout leur est nouveau, ils sont vivement frappés des objets sensibles qui les environnent, et sont continuellement attentifs. De là vient qu'ils joignent facilement ce qui les frappe en même temps : un certain son avec une certaine figure et une certaine odeur, qui n'ont aucune liaison naturelle. C'est par là qu'ils apprennent si facilement à parler, et c'est par là que les châtiments font leur effet. Mais c'est aussi ce qui cause leurs erreurs : car ils prennent pour bon tout ce qui est agréable aux sens, ou qui est joint à quelque objet agréable, et pour mauvais tout ce qui est contraire. Ces premières impressions sont si fortes, qu'elles forment souvent les mœurs pour tout le reste de la vie ; et c'est apparemment une des causes des coutumes différentes des nations entières. De sorte que qui seroit assez heureux pour joindre des sensations agréables aux premières instructions que l'on donne des choses utiles, pour les mœurs, ou pour la conduite de la vie, en un mot, de joindre le bien véritable avec le plaisir, auroit trouvé le secret de la meilleure éducation. Je sais bien que par ce principe on donne aux enfants des friandises, des images, de l'argent, ou de beaux habits, pour les récompenser et les exciter à bien faire : mais on leur nuit souvent par là, plus qu'on ne leur sert. On fomente en eux des semences de gourmandise, d'avarice et de vanité. Il faudroit les toucher par des plaisirs plus innocents que ceux de manger, de posséder quelque chose, et de se faire regarder : et je n'en vois point qui y conviennent mieux que ceux de la vue : les beautés naturelles, les ouvrages de la peinture et de l'architecture, la symétrie, les figures et les couleurs. Comme la vue nous fait rapporter au dehors toutes ses impressions, ses plaisirs ne nous portent qu'à admirer et aimer les objets, et non pas à nous estimer nous-mêmes. Les sons agréables et les bonnes odeurs font le même effet à proportion, et c'est peut-être la raison pourquoi dans l'office solennel de l'église, on a jugé à propos d'accorder quelque chose à ces trois sens. Je voudrois donc que la première église où l'on porte un enfant, fût la plus belle, la plus claire, la plus magnifique : qu'on l'instruisît plus volontiers dans un beau jardin, ou la vue d'une belle campagne, par un beau temps, et quand il seroit lui-même dans la plus belle humeur. Je voudrois que les premiers livres dont il se serviroit fussent bien imprimés et bien reliés : que le maître lui-même, s'il étoit possible, fût bien fait de sa personne, propre, parlant bien, d'un beau son de voix, d'un visage ouvert, agréable dans toutes ses manières ; et comme il est difficile de rencontrer ces qualités jointes aux autres plus essentielles, je voudrois du moins qu'il n'eût rien de choquant ni de dégoûtant. Le peu de soin qu'on a de s'accommoder en tout ceci à la foiblesse des enfants, fait qu'il reste à la plupart de l'aversion et du mépris pour toute leur vie, de ce qu'ils ont appris de gens trop vieux, chagrins ou maussades ; et que le dégoût des écoles publiques, quand ce sont de vieux bâtiments qui manquent de lumière et de bon air, passe jusques au latin et aux études. Mais quoi que l'on fasse pour engager les enfants à s'appliquer, il ne faut pas espérer qu'ils le fassent long-temps, ni que l'on puisse toujours les conduire par le plaisir. On aura souvent besoin de crainte; la joie dissipe, et, se joignant à leur légèreté naturelle, elle les fait en un moment passer d'un objet à l'autre. Il est même à craindre qu'ils ne se familiarisent trop avec le maître, s'il est toujours en belle humeur, et qu'en cherchant à les réjouir, il ne se rende trop plaisant, et ne leur découvre quelque foiblesse. Il faut donc qu'il reprenne souvent le caractère qui lui convient le plus, qui est le sérieux, et qu'il montre quelquefois de la colère, et par ses regards et par le ton de sa voix, pour arrêter l'épanchement de ces jeunes esprits, et les faire rentrer en eux-mêmes. Que si des menaces il faut passer jusques aux châtiments, on peut y ménager plusieurs degrés avant que d'en venir aux punitions corporelles, et on doit leur faire sentir que l'on ne les punit que pour le manque d'application, ou pour quelque autre faute qui appartient aux mœurs, et non pas précisément pour leur ignorance ou leur peu d'esprit, afin qu'ils ne regardent pas la punition comme un malheur, mais comme une justice. Surtout il faut faire son possible pour n'avoir jamais contre eux de véritable colère, quelque mine que l'on en fasse. Je sais bien que cela n'est pas aisé; la fonction d'enseigner n'est pas agréable : si le disciple s'ennuie, quoiqu'il voie souvent quelque chose de nouveau, le maître doit s'ennuyer encore plus. En cet état, le chagrin prend aisément, et il est à tous moments excité par la badinerie continuelle des enfants, si opposée à l'humeur d'un vieillard ou d'un homme mûr. D'ailleurs, les menaces et les châtiments sont un chemin bien plus court pour donner de l'attention, que cette insinuation et ces artifices si doux dont j'ai parlé. Il est même très difficile de les employer quand on instruit en public; de là viennent ces criailleries des petites écoles et ces férules dont les classes retentissent. Mais quand on enseigne en particulier, il ne faut pas regarder ce qui est plus commode au maître, et il est toujours plus utile au disciple d'être conduit par la douceur et par la raison. Au moins faut-il éviter avec grand soin de maltraiter les enfants injustement, ne fût-ce que d'une parole ou d'un regard. Quelque juste que soit la réprimande, elle est toujours dure surtout en un âge où les passions sont si fortes, et la raison si foible. C'est une espèce de blessure, qui attire toute l'attention de l'âme, et l'occupe de la douleur qu'elle ressent, ou de l'injustice qu'elle s'imagine recevoir. De sorte que si l'injustice est effective, si l'enfant s'aperçoit, ou par ce qui précède ou par ce qui suit, ou par le jugement des autres, ou par celui de son maître même, lorsqu'il lui arrive de se démentir tant soit peu : s'il s'aperçoit, dis-je, que son maître soit passionné, ou qu'il ne soit pas exactement raisonnable, il ne manquera point de le haïr ou de le mépriser, et dès lors ce maître ne pourra plus lui être utile. Il ne faut pas s'imaginer que les enfants soient aisés à tromper là-dessus : ils sentent bien s'ils ont tort ou raison, et ils ont le discernement très fin pour connoître les passions au visage et à tout l'extérieur, quoiqu'ils ne sachent pas encore l'exprimer, et qu'ils ne fassent pas même réflexion qu'ils le remarquent. Ils ont cela de bon, que leurs chagrins et leurs colères ne durent pas long-temps, et qu'ils reviennent bientôt à la joie qui leur est plus naturelle. Gardons-nous bien de nous y opposer, de les attrister en faisant durer trop long-temps la crainte, ou les décourager tout-à-fait en la poussant à l'excès. Il vaut mieux qu'ils soient un peu trop gais, que d'être abattus et tristes contre leur naturel. Au contraire, il ne faut les affliger quelques moments, que pour profiter de l'état plus tranquille où ils se trouveront ensuite ; car il ne faut pas espérer que les réprimandes ou les instructions fassent grand effet, tant que la crainte ou la douleur les possède. Ils ne voient rien alors que le mal dont on les menace ou qu'on leur fait sentir ; et si la punition est violente, les sanglots les étouffent, et ils sont hors d'eux-mêmes. Mais sitôt que la tempête est passée, et qu'ils sont revenus à un sérieux raisonnable, ils s'appliquent tout de nouveau, et c'est alors qu'il fait bon leur donner des instructions, et qu'ils sont en état de les entendre ; non qu'il faille exiger toujours d'eux assez de raison pour se condamner eux-mêmes; mais dans le temps qu'ils disent leurs méchantes excuses, ils ne laissent pas de voir qu'ils ont tort, et souvent ils se corrigent ensuite. Quoique je me sois engagé à parler de cette méthode de donner de l'attention, à l'occasion des premières instructions que l'on donne aux enfants, il est aisé de voir qu'elle s'étend à tout le reste des études à proportion. Dans les commencements, il faut les engager autant qu'il est possible par le plaisir, et ensuite les retenir par la crainte; à mesure que la raison se fortifiera, on aura moins besoin de ces artifices.

CHAPITRE XVIII.

Division des Études.

Revenons au choix des études, dont je me suis un peu écarté, pour parler des premières instructions et de la méthode générale d'enseigner. L'étude est l'apprentissage de la vie. Elle doit nous fournir les moyens de bien agir et d'user honnêtement du repos. La vie est courte, la capacité du cerveau est bornée. La jeunesse est le temps le plus propre pour apprendre. Je pense avoir établi tous ces principes, et avoir eu raison d'en conclure que l'on doit choisir avec grand soin ce que l'on doit faire apprendre aux jeunes gens; mais pour bien faire ce choix, il ne faut pas le borner à une certaine espèce de gens, ou à un certain genre d'études; il faut embrasser tout d'une vue, autant qu'il est possible, toutes les différences des hommes et des connoissances qui leur conviennent. Considérons tout ce qu'il y a de créatures raisonnables de l'un et de l'autre sexe, de toutes conditions, tant de celles que l'on attribue à la fortune, comme la richesse, la pauvreté, la grandeur et la vie particulière, que de celles qui viennent du choix, comme l'épée, la robe, le trafic et les métiers. Et quoique nous ne les regardions que dans un seul âge, qui est la jeunesse, ne laissons pas d'en examiner tous les degrés, depuis la première enfance jusqu'à l'âge mûr et à l'état parfait de chacun. Quant aux connoissances, il faut bien distinguer celles qui sont utiles, de celles qui ne donnent que du plaisir; et diviser encore les premières, suivant les trois sortes de biens auxquels elles peuvent servir : *les biens de l'âme*, comme l'esprit et la vertu; *ceux du corps*, comme la santé et la force; et ceux que l'on appelle *biens de fortune*, et qui sont la matière des affaires. Entre ces connoissances utiles, on peut distinguer celles qui le sont le plus, et compter pour nécessaires celles dont personne ne peut être privé sans être fort misérable. Ces distinctions supposées, il sera facile de régler le choix dont il s'agit : car il est evident, pour peu que l'on veuille suivre la raison, qu'il faut préférer ce qui nous sert immédiatement pour nous-mêmes, en tant que nous sommes composés de corps et d'âme, à tout ce qui est hors de nous; et qu'entre les choses extérieures, celles qui servent à la subsistance sont préférables à toutes celles qui ne donnent que du plaisir. Il est bien clair aussi que les personnes qui ont moins de loisir ou de capacité pour l'étude, comme les pauvres, les artisans, les gens de guerre et toutes les femmes, doivent être réduites aux connoissances le plus généralement utiles : car il n'est pas juste que tant de personnes, qui ont de la raison comme les autres, demeurent sans instruction. Enfin, pour la distinction des âges, on voit bien qu'il faut ménager les enfants pour ne les pas accabler d'abord ; et ne pas aussi laisser passer inutilement le temps où ils sont le plus capables d'apprendre. Je suivrai ces distinctions dans tout le reste de cet écrit ; et j'examinerai premièrement les instructions les plus nécessaires à tout le monde, ensuite celles qui ne sont à l'usage que de ceux qui ont le plus de loisir, comme les riches, et les gens de condition ; soit qu'elles leur soient fort utiles, soit qu'elles soient plus curieuses. Après je marquerai quel ordre chaque étude pourroit avoir dans le cours de la jeunesse ; enfin, je montrerai celles où chaque homme se doit appliquer, dans tout le reste de sa vie, suivant la profession qu'il embrasse.

CHAPITRE XIX.

Religion et Morale.

Entre les instructions nécessaires à tout le monde, le soin de l'âme est le plus pressant, et il importe plus de bien conduire la volonté, que d'étendre les connoissances. La première étude doit donc être celle de la vertu. Tous les hommes ne sont pas obligés d'avoir de l'esprit, d'être savants ou habiles dans les affaires, de réussir dans quelque profession; mais il n'y a personne, de quelque sexe et de quelque condition que ce soit, qui ne soit obligé à bien vivre. Tous les autres biens sont inutiles sans celui-ci, puisqu'il en montre l'usage : on n'en a jamais assez, et la plupart des gens en ont si peu, que l'on voit bien la difficulté de l'acquérir. On ne peut donc y travailler de trop bonne heure, et il ne faut pas nous laisser tromper par la coutume des écoles, ni croire qu'il faille différer la morale jusques à la fin des études, et ne lui donner qu'un peu de temps, pour passer ensuite à une autre étude. Il faut la commencer dès le berceau, du moins dès que l'on vous met un enfant entre les mains, et la continuer tant qu'il est sous votre conduite. Encore n'avez-vous rien fait, s'il ne sort d'avec vous, résolu de s'y appliquer toute sa vie. Je sais bien que c'est à l'Eglise que les fidèles doivent apprendre la morale et la religion, et que les véritables professeurs de cette science sont les évêques et les prêtres. Mais on ne voit que trop combien le fruit des instructions publiques est petit, à moins qu'elles ne soient préparées et soutenues par les instructions domestiques.

Il faut y observer diverses méthodes, suivant les divers états du disciple, lui en parler beaucoup moins dans le commencement, que quand la raison commence à se développer, et augmenter toujours à mesure qu'elle se fortifie. D'abord il ne faut que poser des maximes sans en rendre raison, le temps viendra de le faire : et comme je suppose une morale chrétienne, dont les préceptes sont fondés sur les dogmes de la foi, je voudrois commencer par ces dogmes toute l'instruction d'un enfant. J'en ai déjà touché un mot, quand j'ai dit qu'il faut commencer par leur apprendre des faits, et marqué les premiers faits qui devroient avoir place dans leur mémoire : car on doit leur donner les premières instructions de religion dès le temps où j'ai dit qu'il ne faudroit point encore leur faire de leçon réglée, ayant soin de leur dire à toutes occasions beaucoup de faits et beaucoup de maximes, afin qu'ils eussent des principes pour raisonner, quand la force de s'appliquer et l'habitude de penser de suite leur seroit venue. Ces discours seroient comme les semences que l'on jette au hasard, et qui germent et produisent plus ou moins selon que la terre est fertile, et que le ciel est favorable.

Je ne m'étendrai point ici sur la méthode particulière d'enseigner la religion.

On peut voir ce que j'en ai dit dans la préface du Catéchisme historique. Quand les enfants auront appris ce catéchisme, ou quelqu'autre meilleur, et qu'ils seront capables de lire l'Ecriture sainte, il faut prendre soin de leur en faire connoître les beautés extérieures, je veux dire l'excellence des différents styles. Qu'ils voient dans les histoires combien les faits sont choisis et arrangés, combien la narration est courte, vive et claire tout ensemble. Qu'ils remarquent dans les poésies la noblesse de l'élocution, la variété des figures, la hauteur des pensées : dans les livres de morale, l'élégance et la brièveté des sentences : dans les prophètes, la véhémence des reproches et des menaces, et la richesse des expressions. Qu'on leur fasse connoître tout cela, par la comparaison des auteurs profanes, que les savants estiment tant; et qu'on ne manque pas de les avertir, que les traductions ne peuvent atteindre à la beauté de la langue originale. Les mêmes auteurs profanes serviront encore à leur apprendre les mœurs de cette première antiquité, et à faire qu'ils ne s'étonnent point de quantité de manières d'agir et de parler, qui scandalisent les ignorants, quand ils lisent l'Ecriture; qui est ce que j'ai essayé de faire dans *les Mœurs des Israélites.*

Je crois qu'il seroit bon de leur donner aussi quelque légère connoissance des Pères et des autres auteurs ecclésiastiques. Car il me semble fâcheux que la plupart des chrétiens qui ont étudié, connoissent mieux Virgile et Cicéron que S. Augustin ou S. Chrysostôme. Vous diriez qu'il n'y ait eu de l'esprit et de la science que chez les païens, et que les auteurs chrétiens ne soient bons que pour les prêtres ou pour les dévots. Leur titre de saint leur nuit, et fait croire sans doute à la plupart des gens, que leurs ouvrages ne sont pleins que d'exhortations ou de méditations ennuyeuses. On va chercher la philosophie dans Aristote, et on lui donne la torture pour l'ajuster au christianisme malgré qu'il en ait; et on a dans saint Augustin une philosophie toute chrétienne, du moins la morale, la métaphysique, et le plus solide de la logique : car pour la physique, il ne s'y est pas appliqué. Pourquoi ne cherche-t-on pas de l'éloquence dans saint Chrysostôme, dans saint Grégoire de Nazianze, et dans saint Cyprien, aussi bien que dans Démosthène et dans Cicéron ? et pourquoi n'y cherche-t-on pas la morale, plutôt que dans Plutarque ou dans Sénèque? Prudence est véritablement un poëte moindre qu'Horace; mais il n'est pas à mépriser, puisqu'il a écrit avec beaucoup d'esprit et d'élégance, sans emprunter les ornements des anciens qui ne convenoient pas à son sujet. En un mot, je voudrois qu'un jeune homme fût averti de bonne heure que plusieurs saints, même des plus zélés pour la religion, et des plus sévères dans leurs mœurs, comme saint Basile, saint Grégoire de Nazianze, saint Athanase, ont été de très beaux esprits et des hommes très polis; et que s'ils ont méprisé les lettres et les sciences humaines, ç'a été avec une entière connoissance.

De plus, pour faire le contrepoids des vertus humaines, que l'on voit dans les grands hommes de l'antiquité grecque ou romaine, je ferois observer à mon disciple des vertus du même genre, encore plus grandes, et d'autres entièrement inconnues aux païens, ou dans l'Ecriture sainte, ou dans les histoires ecclésiastiques les plus approuvées. Je leur ferois voir la sagesse et la fermeté des martyrs, par les actes les plus authentiques qui nous restent, comme ceux de saint Pionius, prêtre de Smyrne; de saint Euplius, diacre de Catane en Sicile; du pape saint Etienne, et tant d'autres dont la lecture est délicieuse. Je leur ferois admirer la patience et la pureté angélique des solitaires, par les relations de saint Athanase, de saint Jérôme, de Pallade, de Cassien et de tant d'autres graves auteurs; enfin, je leur ferois connoître ceux qui ont vécu chrétiennement dans les affaires du monde et dans les plus grands emplois, comme l'empereur Théodose, sainte Pulchérie, Charlemagne, saint Louis. Quoiqu'il soit nécessaire de connoître qu'il n'y a point de siècle où l'Eglise n'ait eu de grands saints, et de remarquer leurs différents caractères, il importe toutefois, pour prendre une idée grande et sainte du Christianisme, de s'arrêter principalement aux premiers siècles où les vertus étoient plus fréquentes, et la discipline plus en vigueur. Il faut donc bien représenter les mœurs des chrétiens, soit du temps des persécutions, soit du commencement de la liberté de l'Eglise : leur manière de vivre dans leur domestique, la forme de leurs assemblées, les prières, les jeûnes, l'administration des Sacrements, particulièrement de la pénitence. Tout cela peut être fort agréablement raconté. Un jeune homme qui auroit ces idées de la religion, auroit de grands principes de morale, ou plutôt il la sauroit déjà. Car je voudrois pendant ce même temps lui en apprendre les règles par la lecture de l'Ecriture sainte, particulièrement des épîtres et des évangiles des dimanches, des principales fêtes et du carême, et de quelques petits ouvrages des Pères, comme des confessions de saint Augustin, des offices de saint Ambroise, de la considération de saint Bernard. Et comme cette étude se feroit petit à petit avec les autres études d'humanités et de philosophie, j'aurois soin, en lui faisant lire les auteurs profanes, de l'avertir de toutes les erreurs qui s'y rencontrent, et de l'imperfection de leur morale la plus pure, en comparaison de la morale chrétienne, afin qu'il n'estimât ces auteurs que ce qu'ils valent.

Il est très utile d'accoutumer les enfants à juger de ce qu'ils lisent, et de leur demander souvent ce qu'il leur semble d'une telle maxime ou d'une telle action, et ce qu'ils auroient fait en telle occasion. On voit par là leurs sentiments ; on les redresse s'ils sont mauvais ; et s'ils sont droits, on les fortifie. Il est bon aussi de les exercer hors des livres, sur tous les sujets dont ils entendent parler, sur les rencontres ordinaires de la vie, et principalement sur leurs petits différents, s'ils sont plusieurs que l'on élève ensemble : plus la matière les touchera, et mieux ils retiendront les maximes. Car il ne faut pas s'y tromper, l'étude ne consiste pas seulement à lire des livres. On n'a pas écrit tout ce qu'il est utile de savoir ; et il n'est pas possible de lire tout ce qui est écrit. Nous devons compter pour une grande partie de l'étude, la réflexion et la conversation. Il y a quantité de choses qui ne s'apprennent que par tradition et de vive voix, et il y en a aussi que chacun apprend en observant ce que font les autres, ou en méditant en soi-même; mais c'est principalement la morale qui s'apprend ainsi: chacun forme ses maximes, bien moins sur ce qu'il lit, que sur ce qu'il entend dire, principalement dans les entretiens familiers, qu'il croit plus sincères que les discours publics, et sur ce qu'il voit faire à ceux qu'il estime les plus raisonnables. De là vient que l'exemple et l'autorité font un si grand effet pour les mœurs; car, comme il y a peu de gens qui aient la force et la patience de raisonner, surtout dans la jeunesse, et que toutefois personne ne veut être trompé, on suit ceux que l'on croit les plus sages; et on s'arrête bien moins à ce qu'ils disent, qu'à ce qu'ils font, parce que les actions sont des preuves plus sûres de leurs sentiments que les paroles.

Et voilà la plus grande difficulté qui

se rencontre dans les instructions de morale; je veux dire le mauvais exemple et la corruption des mœurs, non seulement dans le public, mais souvent aussi dans le domestique: car vous avez beau dire à un jeune homme ce que vous savez de meilleur pour le convaincre par de vives raisons, il a toujours dans le fond de son âme un préjugé violent qui lui rend tous vos raisonnements suspects; et c'est l'opinion commune. Il lui semble que le bon sens veut qu'il la préfère à la vôtre; et qu'il est plus vraisemblable que c'est vous qui vous trompez que tout le reste des hommes. Que si par malheur le maître laisse voir quelque foiblesse, et qui est l'homme qui n'en montre point? s'il est fâcheux, s'il a des manières désagréables ou singulières: en un mot, s'il vient par sa faute ou autrement, à être haï ou méprisé, la présomption devient une conviction, et ses remontrances ne font plus aucun effet, si ce n'est de nuire à la vérité, et de rendre les bonnes maximes odieuses ou ridicules, pour tout le reste de la vie. On suit bien plutôt les maximes de ceux que l'on estime et que l'on aime : et comme l'on agit par imitation, principalement dans la jeunesse, on estime ou l'on aime ceux qui sont agréables ou qui paroissent heureux: les gens de qualité, les riches, ceux qui ont bonne mine, qui parlent bien, qui sont adroits, qui sont propres. Or, ces qualités éclatantes se rencontrent plus ordinairement dans ceux qui ont le moins de vertu, et plus rarement dans ceux qui enseignent, que dans les autres. D'ailleurs, il se trouve quelquefois des gens que la présomption générale fait croire sages et vertueux, et qui ne le sont point en effet: des pères, des vieillards, des magistrats, et peut-être même des ecclésiastiques et des religieux. En sorte que les jeunes gens les mieux intentionnés ont bien de la peine à démêler ceux qu'ils doivent suivre. Cependant les passions s'élèvent, se fortifient, et sont d'intelligence avec tant d'ennemis qui attaquent au-dehors.

Il ne faut pas nous rebuter, pour toutes ces difficultés. Et quoique nous ne devions rien espérer que par le pouvoir de la grâce divine, il ne faut pas nous contenter d'implorer ce secours par des prières continuelles; il faut encore employer tous les moyens humains. Le succès qui ne dépend point de nous, ne nous sera ni compté ni reproché; et quoi qu'il arrive du disciple, le maître sera puni de sa négligence, ou récompensé de son travail. Avertissez donc celui que vous instruisez, que pour bien faire il faut se tirer de la foule, et ne pas suivre le plus grand nombre : prouvez-lui cela, et par l'autorité de l'Évangile, et par la raison; puisque quelque principe de morale que l'on suppose, tout ce que l'on nommera *bien*, se trouvera fort rare dans le monde, en comparaison du mal qui lui est contraire. Il y a peu de riches, une infinité de pauvres; peu de gens dans les plaisirs et dans les honneurs; peu de savants, peu de sages, une infinité de sots et d'ignorants; très peu de vertu, en quelque sens qu'on la prenne. Faites-leur remarquer qu'il n'y a presque personne qui agisse conséquemment, et qui suive un même principe, bon ou mauvais. Rendez-leur bien sensible le ridicule de ces contradictions, si ordinaires dans la vie. Ce même père, qui prêche à son fils, en général, la sagesse et la vie réglée, tient devant lui des discours licencieux, raconte avec plaisir les folies de sa jeunesse, et l'exhorte à être de belle humeur et galant avec les dames. Cette mère, qui mène sa fille en diverses dévotions, la mène aussi au bal et à la comédie; et tenant d'une main le catéchisme, qu'elle lui fait répéter, de l'autre elle lui met des rubans ou des mouches pour la parer. On ne peut éviter de tomber dans ces absurdités, qu'en s'attachant à un seul principe avec une fermeté inébranlable.

En effet, il n'y a point de morale si elle n'est parfaitement une, et bâtie toute entière sur un même plan. Il ne faut donc point parler de morale humaine, de sagesse mondaine, de politique ou de prudence du siècle. Il n'entrera pas seulement dans l'esprit de votre disciple, que tout cela doive être balancé tant soit peu avec les maximes de l'Évangile, si vous lui faites bien comprendre qu'il faut être chrétien tout-à-fait, ou ne l'être point du tout; qu'il ne sert de rien de l'être à demi, et qu'à moins d'être assez abandonnés de Dieu pour renoncer à notre baptême, c'est nous démentir nous-mêmes que de ne pas suivre sans réserve la loi que nous reconnoissons pour divine. Mais il ne sera pas inutile, pour affermir un jeune homme dans cette doctrine, de détruire quelques calomnies assez grossières, que l'on forme souvent contre la piété chrétienne. Il y en a qui la connoissent assez peu, pour s'imaginer qu'elle autorise, ou que du moins elle excuse la sottise et la lâcheté, et que l'habileté et l'élévation de cœur ne sont des vertus que selon le monde.

Cependant la prudence et la force de courage sont des vertus recommandées dans l'Écriture, aussi bien que la tempérance et la justice; et les vices qui leur sont contraires, ne rendent pas moins coupables devant Dieu, que devant les hommes. La différence est, que souvent les hommes ne sont pas assez raisonnables pour excuser les défauts purement involontaires. On accuse encore la dévotion de rendre les gens tristes, et, si l'on osoit le dire, malheureux, parce qu'on voit en effet beaucoup de ceux qui passent pour dévots, être chagrins, critiques et plaintifs ; mais rien n'est plus éloigné de l'esprit de christianisme ; c'est l'esprit de douceur, de tranquillité et de joie ; et la mélancolie [1] est comptée par les plus anciens spirituels entre les sept ou huit sources de tous les péchés, comme la gourmandise et l'impureté.

Outre ces considérations et plusieurs autres semblables, qui serviront à affoiblir les obstacles de la morale, ou à les lever tout-à-fait, suivant le talent du maître et la docilité du disciple, la méthode est de grande conséquence; car il n'y a point de partie des études qui demande tant d'art et tant de soin. Si on charge d'abord les enfants de trop de préceptes, on les fatigue et on les rebute ; ou s'ils y prennent plaisir, ils s'accoutument à faire les prudes et à moraliser avant le temps. On les admire et on les loue des beaux discours qu'ils répètent, ce qui leur donne beaucoup de vanité Cependant ils ne laissent pas d'agir en enfants, c'est-à-dire

[1] *Acedia.*

de suivre leurs passions; de sorte qu'ils s'accoutument de si bonne heure à bien dire et à mal faire, qu'ils deviennent plus incorrigibles que les autres, parce que les belles maximes qu'ils savent par cœur, quoiqu'ils ne les pratiquent pas, ne les touchent plus, et qu'ils croient en savoir davantage que ceux qui veulent les redresser. Il est encore fort dangereux de leur faire faire réflexion sur leurs défauts, sans les faire travailler sérieusement à s'en corriger. Autrement ces réflexions se termineront à ces vains discours des précieuses, qui rompent la tête à tout le monde de leurs défauts, comme de leurs indispositions, par vanité toute pure, pour se faire admirer, et se distinguer de tout le genre humain, par leur délicatesse et la bizarrerie de leurs sentiments. J'ai, disent-elles, une peur effroyable du tonnerre; j'ai une aversion inconcevable des sottes gens; je ne puis avoir de patience avec mes valets; je m'emporte à tous moments, et cent autres sottises pareilles, dont elles se plaignent: comme de leurs migraines et de leurs vapeurs. Rien n'est plus pernicieux à un enfant que de l'accoutumer à ce langage. Le plus sûr est de le faire agir, autant qu'il dépend de vous, et lui rendre sensible tout ce que vous lui dites, par ses propres expériences. Tel homme a beaucoup ouï parler de morale, et en a beaucoup parlé lui-même, qui ne s'est pas encore avisé, que ce qu'on appelle *Passions*, sont ces émotions qu'il sent si vivement dans son cœur et dans ses entrailles, quand il craint, quand il désire, quand il est en colère. Il s'est accoutumé d'en parler comme du ciel, des astres, et de tout ce qui est hors de nous. Il faut donc montrer aux jeunes gens, au doigt et à l'œil, pour ainsi dire, ce que c'est que chaque vertu, chaque vice, chaque passion, et en ceux qui les environnent, et principalement en eux-mêmes. Mais il faut surtout, comme j'ai dit, leur faire pratiquer ce qu'ils savent; en quoi l'on a besoin d'une grande patience et d'une grande discrétion. Ils sont foibles et légers; à tous moments ils tombent et retombent dans les mêmes fautes. Ils oublient aisément toute leur morale, à la présence d'un nouvel objet de plaisir; quand même ils s'en souviennent, ils n'ont pas la force de résister. Vouloir qu'ils acquièrent en peu de jours cette fermeté, c'est vouloir qu'une jeune plante ait du jour au lendemain un tronc solide et de profondes racines. Il faut espérer beaucoup du temps, et ne se pas ennuyer de labourer souvent et d'arroser tous les jours.

Cette légèreté des enfants est véritablement difficile à supporter; mais ne la haïssons-nous point, plutôt parce qu'elle nous incommode, que parce qu'elle leur nuit? Rentrons en nous-mêmes; sommes-nous, à proportion, beaucoup plus raisonnables à l'âge parfait où nous sommes? N'avons-nous pas aussi bien qu'eux nos passions? ne sommes-nous pas attachés à notre plaisir? Et si ce qui nous divertit nous paroît plus solide, peut-être paroît-il encore plus ridicule à des hommes plus sages que nous. Faisons la comparaison juste, remettons-nous à l'âge de notre disciple et repassons de bonne foi quelles étoient alors nos pensées; nous trouverons que tous les enfants sont à peu-près semblables. Je ne dis pas pour cela que nous devions négliger dans les autres les défauts que nous avons, ni qu'ils doivent en prendre avantage, s'ils viennent à les reconnoître ; mais je dis que cette considération nous doit rendre fort doux et fort patients, de peur qu'en pressant trop un jeune homme de monter tout d'une haleine à la plus haute vertu, par des chemins trop difficiles, nous ne le précipitions dans le désespoir. Il faut donc ménager extrêmement les instructions de morale, et les proportionner à l'ouverture d'esprit du disciple, et encore plus à la force de son âme. Il faut être toujours attentif pour épier les occasions de les faire utilement, sans s'arrêter à l'ordre que l'on s'est proposé dans les études. Souvent à l'occasion d'une faute que votre disciple aura faite, ou d'une réflexion qu viendra de lui-même, ou que vous lui ferez faire en lisant une histoire ou un livre d'humanités, vous trouverez lieu de l'instruire de quelque maxime importante, ou de le tirer de quelque erreur. Ne perdez pas ces conjonctures si précieuses, quittez tout pour la morale; les occasions de lui enseigner l'histoire ou les humanités reviendront assez : mais il ne reviendra peut-être pas dans une disposition si favorable; et ce que l'on dit ainsi comme hors d'œuvre, et comme sans dessein, profite beaucoup plus, pour l'ordinaire, que ce que l'on dit dans une leçon en forme, où l'écolier est sur ses gardes, parce qu'il voit que vous voulez parler de morale. Il ne faut point craindre les digressions qui vont à quelque chose de plus utile que le sujet que l'on s'étoit proposé.

CHAPITRE XX.

Civilité. Politesse.

La civilité fait partie de la morale; il ne suffit pas de garder les devoirs essentiels de la probité, qui font l'homme de bien, il faut aussi garder ceux de la société, qui font l'honnête homme. La rudesse et l'incivilité ne se trouveront point dans un homme bien vertueux, parce qu'elles viennent ou d'orgueil, ou du mépris des autres, ou de paresse à s'instruire de ce qu'on leur doit, et à se tenir proprement, ou de facilité à se mettre en colère. De sorte qu'il est impossible qu'un homme ne soit honnête et civil, s'il est humble, patient, charitable, modeste et soigneux. Mais afin que la vertu toute pure puisse faire cet effet, il faut qu'elle soit arrivée à une haute perfection; comme chez ces anciens moines d'Egypte et d'Orient, qui étoient doux et honnêtes dans les solitudes les plus affreuses. Le commerce du monde est un chemin bien plus court pour donner de la politesse; et la nécessité d'être continuellement les uns avec les autres, oblige à avoir au moins toutes les apparences des vertus, qui rendent la société commode. On se contente pour l'ordinaire de ces apparences, et on fait consister la civilité en une habitude de cacher ses passions et de déguiser ses sentiments, pour témoigner aux autres le respect ou l'amitié que le plus souvent on n'a pas. De sorte que la civilité nuit à l'essentiel de la vertu, au lieu qu'elle ne devroit en être qu'une suite, et comme cette fleur de beauté que la santé produit naturellement. Cependant ces compliments flatteurs et ces grimaces de civilité sont les premières instructions que l'on donne aux enfants, et celles dont on les fatigue le plus. Il semble que ce soit toute l'éducation. Ces expressions de soumission, d'estime, d'affection, seroient sans doute excellentes si elles étoient vraies, puisque nous serions tous parfaitement humbles et charitables. Mais puisqu'il n'est pas ainsi, il vaudroit mieux dire plus vrai, ou plutôt dire moins et faire plus. Il y a bien de la différence entre témoigner du mépris et marquer de l'estime ou du respect sans nécessité; et ce qui fait voir le ridicule de nos compliments, sont les rencontres sérieuses d'affaires, où l'on change entièrement de langage, et où l'on dispute le moindre petit intérêt à ceux à qui un moment auparavant il sembloit que l'on alloit tout donner. Les enfants qui n'ont pas encore assez de jugement pour distinguer les sujets et les occasions différentes, s'accoutument, par ces premières instructions, à mentir et à dissimuler en toutes rencontres.

Au reste, on fait en cette matière une infinité de mensonges inutiles. La civilité consiste plus à nous abstenir de ce qui peut incommoder les autres, à être doux, modestes et patients, qu'à parler beaucoup et se donner beaucoup de mouvement. Un petit mot obligeant bien placé fait plus d'effet que tous ces grands compliments dont les gens de province nous accablent : ceux qui honorent ou caressent également tout le monde, n'obligent personne, et n'ont plus de quoi marquer leur véritable amitié. Mais la pire de toutes les espèces de civilité, est celle qui donne des manières contraintes et affectées. Cette civilité méthodique, qui ne consiste qu'en des formules de compliments fades, et en des cérémonies incommodes, et qui choque bien plus qu'une rusticité toute naturelle; cette affectation de tout faire par règle et par méthode, est un des principaux caractères de la pédanterie ; c'est pourquoi les gens de lettres doivent surtout l'éviter. Mais comme leur condition les éloigne pour la plupart de ce commerce du grand monde, qui demande une extrême politesse, je crois que leur civilité consiste principalement à savoir se taire, sans affecter le silence ; à ne parler de ce qu'ils savent, qu'autant que la charité le demande pour l'instruction et la satisfaction du prochain ; et du reste, agir et parler simplement comme les autres hommes. Et parce que les défauts sont plus sensibles dans les portraits chargés que dans le naturel, il ne sera pas inutile de considérer le caractère que les Italiens ont donné à leur docteur de comédie qui veut toujours parler et toujours instruire, et se met à tous moments en colère contre ceux qui osent toujours lui contredire.

CHAPITRE XXI.

Logique et Métaphysique.

Puisque la morale doit régner pendant toute l'éducation, il faut travailler en même temps aux autres études; mais comme toutes nos connoissances dépendent du raisonnement ou de l'expérience, et que l'expérience profite peu, si elle n'est éclairée par la droite raison, il faut commencer par former l'esprit avant de venir au détail des faits et des choses positives. Cette application à cultiver la raison, est dans l'ordre naturel la première de toutes les études, puisque c'est l'instrument de toutes; car ce n'est en effet autre chose que la logique, et les premiers objets où l'on doit l'appliquer, sont les grands principes de la lumière naturelle, qui sont les fondements de tous les raisonnements, et par conséquent de toute l'étude. Or, cette étude des premiers principes est la vraie métaphysique : ainsi la logique et la métaphysique seront les premières études, et elles sont tellement les premières, que la morale même, en tant qu'elle dépend de la raison et non de la foi surnaturelle, ne peut avoir d'autre fondement solide. Mais j'ai parlé de la morale auparavant, parce qu'il est plus nécessaire d'être homme de bien que d'être homme de raisonnement. Outre que je ne puis dire en même temps, ce que je ferois en même temps, si j'instruisois un jeune homme; c'est pourquoi je réserve à la fin de toutes les études des jeunes gens, de marquer à quel âge je voudrois les placer chacune en particulier.

J'entends ici cette logique solide et effective, que Socrate faisoit profession d'enseigner, quand il disoit qu'il étoit *accoucheur d'esprits*; qu'il leur aidoit à produire ce qui étoit déja formé en eux; qu'il ne leur apprenoit rien, mais qu'il les faisoit ressouvenir de ce qu'ils savoient. En effet, comme j'ai déja remarqué, nous ne saurions donner aux enfants les notions les plus simples qui sont les fondements ou les instruments de toutes les autres. J'appelle *fondements* des connoissances les idées simples, comme l'idée de l'être, de la substance, de la pensée, de la volonté, de l'étendue, du nombre, du mouvement, de la durée, et les sentiments, comme l'idée de blancheur, de chaleur, de douleur, de crainte, de colère, de faim, de soif. Les jugements, qui sont les premiers principes, sont aussi de ces fondements, comme le rapport du tout et de sa partie; que rien ne produit rien; qu'il ne faut point multiplier les êtres sans nécessité, que la volonté cherche toujours le bonheur. Nous apportons au monde ces sortes de pensées et de jugements, qui sont les fondements de tous les autres jugements et de tous les raisonnements que nous faisons dans toute la vie; et c'est la considération attentive de ces principes, pour les démêler des autres notions moins claires et moins certaines, qui n'en sont que les conséquences; c'est cette considération qui est la vraie métaphysique. La logique est la considération d'autres idées et d'autres jugements, qui n'ont pas moins de clarté ni de certitude, et qui ne sont pas moins nés avec nous, mais qui regardent plutôt nos connoissances que les objets ; c'est pourquoi je les appelle *instruments*. Telles sont les idées de vrai, de faux, d'affirmation, de négation, d'erreur, de doute, et surtout l'idée de la conséquence, qui fait que nous sentons qu'une telle proposition suit d'une telle autre, qu'un tel raisonnement est concluant, et qu'un tel autre ne l'est pas. On ne peut donner aucune de ces notions à qui ne les a pas, et il n'y a point d'homme qui ne les ait, s'il a l'usage de la raison ; car c'est en cela précisément qu'elle consiste. La logique et la métaphysique ne sont pas, comme l'on croit d'ordinaire, des études difficiles de choses abstraites, relevées et éloignées de nous, et de belles spéculations, qui ne conviennent qu'à des savants. Elles sont à l'usage de tout le monde, puisqu'elles n'ont pour objet que ce qui se passe en nous-mêmes, et ce que nous connoissons le mieux, et n'ont pour but que de nous accoutumer à ne nous tromper jamais par le soin que nous prendrons de ne nous arrêter qu'à des idées claires, et de ne nous point précipiter en portant des jugements, en tirant des conséquences. Il seroit à souhaiter que l'on pût en retrancher tout ce qui ne sert pas effectivement à cette fin, c'est-à-dire presque tout ce que l'on enseigne dans les écoles sous ces grands noms de *logique* et de *métaphysique*.

Sans entrer ici dans le détail de cette instruction, puisque je n'écris pas une logique, je voudrois que l'on accoutumât un enfant de très bonne heure à ne rien dire qu'il n'entendît, et à n'avoir que des idées les plus claires qu'il seroit possible. Pour cela il faudroit en tout ce qu'il apprendroit, l'exercer continuellement à diviser et à définir, afin de distinguer exactement chaque chose des autres, et donner à chacune ce qui lui appartient, non que je voulusse encore lui charger la mémoire de définitions, et des règles de la division et de la définition, mais les lui faire pratiquer sur les sujets qui lui seroient le plus familiers. Quand il auroit assez de force pour embrasser plusieurs idées, ou même plusieurs jugements tout à la fois, je lui ferois apercevoir la différence du vrai, du faux, de l'incertain, et je le convaincrois qu'il ne faut ni tout affirmer, ni douter de tout, mais qu'il est nécessaire de suivre en nos jugements des règles certaines; ensuite je lui ferois remarquer les vérités qui sont les premières, dans l'ordre de la connoissance, et de la certitude desquelles dépend celle de toutes les autres, d'où suivroit la connoissance de l'ame et sa distinction d'avec le corps; la connoissance de Dieu et les règles du vrai et du faux, desquelles on tireroit ensuite aisément tout le reste de la logique : je voudrois qu'elle consistât en fort peu de préceptes, autant ni plus ni moins qu'il s'en trouveroit qui aidassent effectivement la raison; car si l'on voyoit, après l'avoir bien examiné, que l'on raisonnât aussi sûrement et aussi juste sans toutes ces observations, je les éconduirois par cela seul qu'elles seroient inutiles et je les renverrois au nombre des curiosités, quelque vraies et quelque belles qu'elles fussent; mais on trouvera sans doute quelques règles de logique, à quelque petit nombre qu'on les réduise, qui seront fort utiles pour aider la raison, et quelques axiomes de métaphysique où l'on obligera de remonter tout homme qui raisonne, et qui par conséquent seront le fondement de tous ses raisonnements.

Tout le monde voit l'utilité de raisonner juste, je ne dis pas seulement dans les sciences, mais dans les affaires et dans toute la conduite de la vie, et de raisonner sur des principes solides; mais peut-être plusieurs ne voient pas la nécessité de remonter jusqu'aux premiers principes; parce qu'en effet il y en a peu qui le fassent. La plupart des hommes ne raisonnent que dans une certaine étendue, depuis une maxime que l'autorité des autres ou leur passion a imprimée dans leur esprit, jusqu'aux moyens nécessaires pour acquérir ce qu'ils désirent. Il faut s'enrichir: donc je prendrai un tel emploi, je ferai telle démarche, je souffrirai ceci et cela, et ainsi du reste. Mais que ferai-je de mon bien quand j'en aurai acquis? Mais est-il avantageux d'être riche? C'est ce que l'on ne cherche point. Ceux qui raisonnent ainsi n'ont jamais que des esprits vulgaires, de quelque profession qu'ils soient, fussent-ils lettrés et docteurs, fussent-ils ministres d'état, fussent-ils princes : j'appelle esprit vulgaire cet esprit borné à certaines connoissances, qui ne s'occupe que du détail, et ne raisonne que sur l'expérience, et je trouve qu'il est toujours le même, quelque objet qu'il se propose : il ne devient pas plus grand pour s'appliquer aux affaires publiques, et il n'en est pas plus savant pour s'occuper des matières de science ; il ne fera jamais que raisonner probablement sur l'expérience de ce qu'il a lu, et conjecturer un fait d'un autre, mais il n'ira pas jusqu'à juger de ces lectures, et les rapporter à leur usage.

Le véritable savant et le véritable philosophe va plus loin et commence de plus haut; il ne s'arrête ni à l'autorité des autres, ni à ses préjugés : il remonte toujours, jusqu'à ce qu'il ait trouvé un principe de lumière naturelle, et une vérité si claire, qu'il ne la puisse révoquer en doute ; mais aussi quand il l'a une fois trouvée, il en tire hardiment toutes les conséquences, et ne s'en écarte jamais : de là vient qu'il est ferme dans sa doctrine et dans sa conduite ; qu'il est inflexible dans ses résolutions, patient dans l'exécution, égal en son humeur et constant dans la vertu. Or, ce savant et ce sage se peut trouver en toutes conditions. On a dans les patriarches des exemples de sages pâtres et laboureurs; dans les anciens moines de sages artisans; et de quelque profession que soit un homme, il ne sera jamais heureux, autant que l'on peut l'être en cette vie, s'il n'agit ainsi sur des principes certains, ou si une foi très ferme ne supplée au défaut du raisonnement; mais pour parler suivant nos mœurs, et par rapport à ceux qui ont accoutumé d'étudier parmi nous, ces raisonnements solides et ces principes certains sont principalement nécessaires à ceux qui doivent conduire les autres, comme les ecclésiastiques, les magistrats, et ceux qui gouvernent ou qui entrent en part des affaires publiques. Pour mieux dire, il ne faut point compter qu'il y ait de véritables études sans ce fondement; car pour connoître des choses de fait, et acquérir de l'expérience, l'usage de la vie suffit : ou si l'on y ajoute quelque lecture, on n'a pas besoin pour cela d'une grande instruction; mais se former l'esprit, voir clair à ce que l'on fait, se conduire par des lumières assurées, non par des opinions incertaines, et c'est ce qui mérite d'être recherché, et c'est cette recherche qui mérite le nom d'*étude*.

La plupart des hommes sont plus capables que l'on ne croit de cette philosophie : elle ne demande aucun talent extraordinaire de mémoire ou d'imagination et de brillant d'esprit, mais seulement un bon sens commun, de l'attention et de la patience; ainsi il n'y a que les esprits fort légers qui ne puissent y arriver. Pour les esprits pesants, s'ils ne sont tout à fait stupides, on pourra souvent les mener plus loin que ceux qui brillent plus qu'eux; enfin il faut conduire chacun selon son génie, et ne pas s'attacher si fort à ceux dont l'instruction donne du plaisir, parce qu'ils ont l'esprit plus ouvert, que l'on néglige les autres, parce qu'ils font plus de peine; au contraire ce sont ces derniers qui demandent le plus de soin, le plus d'affection et le plus d'habileté dans celui qui les instruit; et c'est un malheur déplorable, mais sans remède, que les gens les plus ignorants et les plus grossiers ont d'ordinaire les plus méchants maîtres.

Puisque je suis entré en matière, j'acheverai de m'expliquer touchant la philosophie. Je crois que l'on doit essayer d'y conduire tous ceux que l'on instruit, principalement si l'on y voit un beau naturel; mais il ne faut pas s'attendre qu'il y en ait grand nombre qui réussissent; c'est une grande entreprise que de former un véritable philosophe, c'est-à-dire un homme qui raisonne droit, qui soit toujours en garde contre toutes les causes de l'erreur, qui ne suive dans la conduite de sa vie que la raison et la vertu, et qui cherche à connoître en chaque chose la vérité, et à remonter jusqu'aux premières causes. Il est vrai que la plupart des hommes en seroient capables s'ils usoient bien de leur raison, et s'ils ne précipitoient point leurs jugements; mais il est bien rare d'en trouver qui aient une volonté assez droite, est une assez grande force pour résister à leurs passions : aussi faut-il demeurer d'accord que l'on peut exercer passablement bien la plupart des professions de la vie, sans arriver à cette perfection. On peut être bon médecin pourvu que l'on sache l'histoire naturelle, et les expériences des remèdes les plus assurés ; car quand on sauroit tout ce qui a été découvert de physique jusqu'à présent, on ne connoîtroit guères mieux les premières causes des maladies. La jurisprudence n'oblige point à remonter plus haut, ni à chercher d'autres principes de raisonnement, que les lois établies entre les hommes : le reste appartient au législateur. Les jurisconsultes romains, dont nous admirons avec raison les décisions, n'étoient point des philosophes ; et cette science étoit formée à Rome avant que l'on y connût la philosophie ni la grammaire. Pour la guerre, il est évident, par l'exemple des Romains mêmes, et de la plupart des nations, qu'il n'est nullement nécessaire de philosophie pour la bien faire. Jamais les Romains n'ont été plus grands hommes de guerre, que lorsqu'ils étoient ignorants. Mummius et Marius n'y étoient pas moins habiles que Pompée et César ; et ces derniers, quoiqu'ils fussent plus savants, n'étoient pas plus philosophes. Quant aux autres professions moins considérables, comme la marchandise, l'agriculture et les métiers, on ne demande point de philosophie à ceux qui s'y appliquent, quoique les arts les plus utiles n'aient point été inventés sans philosophie : je sais que l'on croit qu'elle sert à la théologie, et assurément il seroit à souhaiter que tous les ecclésiastiques fussent de vrais philosophes ; mais j'ai fait voir que dans les premiers siècles de l'église, les chrétiens faisoient peu de cas de la philosophie humaine, et toutefois on ne peut douter que les évêques et les prêtres de ce temps-là ne remplissent parfaitement tous leurs devoirs. Je laisse à ceux qui travaillent utilement dans l'église, à juger si ce qu'ils ont appris de philosophie leur est de grand usage pour la conduite des ames.

Au reste, comme il ne faut ni se tromper ni tromper les autres, je ne voudrois donner le nom de philosophie qu'à ce qui le mérite effectivement. Je ne voudrois point donner à mon disciple la vanité de se croire philosophe, parce qu'il sauroit par cœur quelques distinctions et quelques divisions, quoiqu'il n'en fût ni plus sage ni meilleur : et je ne voudrois point contribuer à rendre ce grand nombre méprisable aux gens qui n'ont point de lettres, car les femmes et les hommes du monde jugent des philosophes anciens par les modernes, et les méprisent tous également. Quoiqu'il fût à souhaiter que tous les hommes devinssent véritablement philosophes, il est si peu raisonnable de l'espérer, qu'il semble que la plupart ne doivent pas y prétendre; du moins il faudroit réduire la philosophie à une bonne logique, et comme cette logique ne consistera pas en certains mots et certaines règles dont on se charge la mémoire, pour en pouvoir parler ou entendre ceux qui en parlent, mais dans un exercice réel de bien raisonner, il ne faut pas croire que l'on l'apprenne une fois comme une histoire pour n'y plus revenir ensuite.

Il faut la pratiquer continuellement pendant tout le cours des études; et je n'en parle en ce lieu, que pour marquer son rang, et montrer qu'elle est plus digne et plus nécessaire que toutes les études dont je vais parler; au moins celles qui ne consistent qu'en connoissances de faits ou de choses positives, et en conjectures.

Mais quoique le raisonnement soit nécessaire, l'expérience et la connoissance des choses particulières l'est encore plus. On ne peut être véritablement savant ni souverainement habile sans cette profondeur que j'ai marquée : mais on peut être assez habile pour satisfaire aux devoirs communs de la vie, sans ce raisonnement, pourvu que l'on connoisse le détail des choses d'usage : au lieu que sans ce détail, les meilleurs raisonnements généraux, tant qu'ils demeurent généraux, ne mèneront jamais à rien. Ce sont ces raisonnements généraux qui ont de tout temps décrié les philosophes et les savants, quand ils ont négligé d'y joindre la connoissance des choses particulières, et principalement des institutions des hommes, et c'est le défaut essentiel de la méthode de Raimond Lulle, qui n'occupe ses disciples que de notions si générales, qu'elles ne sont d'aucun usage; et ne les rend pas même plus savants dans la spéculation, puisqu'il n'ajoute à ce que tous les hommes connoissent naturellement, que des noms et des distinctions arbitraires. J'aime mieux un paysan qui sait de quel blé se fait le meilleur pain, et comment on fait venir ce blé, qu'un philosophe qui ne raisonne que sur le bon, le parfait et l'infini, sans jamais descendre plus bas. Que votre disciple ait donc l'esprit droit et net, qu'il raisonne sur de grands principes, et qu'il arrange bien ses connoissances. Mais qu'il se contente de peu de principes, et qu'il ait de quoi arranger, je veux dire, des connoissances distinctes et singulières.

CHAPITRE XXII.

Qu'il faut avoir soin du corps.

Jusques ici je n'ai parlé que des études qui servent à perfectionner l'ame, en formant l'esprit et les mœurs. Il faut dire aussi quelque chose de celles qui pourroient servir au corps, puisqu'après notre ame il n'y a rien qui nous doive être si précieux que cette autre partie de nous-mêmes; et que l'union étroite de l'une et de l'autre fait que l'ame n'est point en état de bien agir, si le corps n'est bien disposé. Je sais que cette sorte d'étude n'est point en usage parmi nous. On connoît assez les biens du corps, la santé, la la force, l'adresse, la beauté : mais on croit qu'il faut que la nature nous les donne. L'art de les acquérir est tellement oublié, que s'il n'étoit certain que les anciens l'avoient trouvé, et l'avoient poussé à une grande perfection, peut-être ne croiroit-on pas qu'il fût possible. C'est cet art que les Grecs nommoient *gymnastique*, qui consistoit principalement dans l'exercice du corps, c'est pourquoi il est hors de mon sujet : car je n'ai pas entrepris tout ce qui regarde l'éducation de la jeunesse, mais seulement les études. Je laisserai donc ce traité des exercices à quelqu'un qui en sera mieux instruit que moi, et je me contenterai de parler des connoissances qui servent à entretenir la santé. Je ne leur donne pas le nom de *médecine*, parce que nous l'appliquons à un art long et difficile, qui occupe des hommes toute leur vie, et qui a pour objet de guérir les maladies, plutôt que de les prévenir : au lieu que ce que j'entends ici par cette étude nécessaire à tout le monde, sont seulement certains préceptes simples et faciles pour entretenir et augmenter la santé.

Je voudrois donc que dès la première enfance on inspirât la sobriété autant que cet âge en est capable ; non pas en faisant jeûner les enfants, il n'en est pas encore temps ; mais en ne les laissant pas manger autant qu'ils veulent, ni tout ce qu'ils veulent ; ne leur offrant point ce qui les peut tenter ; ne leur donnant jamais ni peines ni récompenses qui dépendent du manger. Il faut encore mépriser en leur présence les gourmands et les friands, soit dans les railleries, soit dans les discours sérieux; marquer les maladies et les autres maux qui viennent des excès de bouche; louer la sobriété, et montrer les biens qu'elle produit: faire tous ces discours, autant que l'on pourra, sans qu'il semble que l'on les veuille instruire, et sans leur adresser la parole, afin qu'ils s'en défient moins ; mais surtout ne démentir jamais ces discours, ni par aucun discours contraire, ni par aucune action; en un mot les soutenir de l'exemple. On voit par les mœurs des nations entières, combien l'opinion, la coutume et les impressions de l'enfance sont puissantes en cette matière. L'ivrognerie, si fréquente dans les pays du Nord, est un monstre en Espagne : les Indiens passent leur vie avec du riz, des légumes et des fruits, sans manger ni chair ni poisson ; et quelques-uns sont tellement exercés au jeûne, qu'ils le poussent jusques à quinze et vingt jours sans prendre aucune nourriture. Peut-être croira-t-on que je devois plutôt mettre ceci dans les instructions de morale; mais je ne voulois pas entrer dans un si grand détail des vertus, et celle-ci est un moyen particulier pour la santé. Or, ces instructions qui servent à plusieurs fins, sont sans doute les plus excellentes, et les plus approchantes de la loi de Dieu.

Pour se bien porter, il sert encore d'être propre et net, de respirer un air pur; boire de bonnes eaux, se nourrir de viandes simples; et quoique la nature enseigne assez tout cela, il est bon d'en avertir les enfants, et leur y faire souvent faire réflexion, car la coutume prend aisément le dessus. Tout ce qui donne de la force, sert aussi beaucoup à la santé, que la force suppose nécessairement. Or, ce qui fortifie n'est pas, comme croit le vulgaire, manger beaucoup et boire beaucoup de vin, mais travailler et s'exercer en se nourrissant et se reposant à proportion. Les exercices les plus à l'usage de tout le monde, sont de marcher long-temps, se tenir long-temps debout, porter des fardeaux, tirer à des poulies, courir, sauter, nager, monter à cheval, faire des armes, jouer à la paume, et ainsi du reste, selon les âges, les conditions et les professions auxquelles on se destine. J'en laisse le détail à ceux qui voudront bien, peut-être un jour, donner quelque traité des exercices ; je me contente d'observer qu'il est très important d'en donner aux enfants de bonne heure une grande estime, avec un grand mépris de la vie molle et efféminée.

Il faut leur faire comprendre qu'un homme est capable de peu de chose, s'il ne peut, sans altérer sa santé, faire des excès notables de travail, rompant au besoin toutes les règles du sommeil et des repas. Enfin, qu'il y a plusieurs vertus qui ne se peuvent pratiquer qu'avec un bon corps. (1) Saint Paul dit bien que les exercices du corps sont utiles à peu de chose ; mais il le dit en les comparant aux exercices de piété, et dans un temps où

¹ *Tim.* IV. 8.

l'émulation des athlètes grecs les avoit poussés à une sobriété excessive ; car plusieurs passoient leur vie dans un régime très sévère, et dans de fort grands travaux, sans autre but que de se faire admirer dans les spectacles (1). Saint Paul lui-même se sert ailleurs de cet exemple, pour montrer aux chrétiens avec quelle ardeur ils doivent combattre pour la couronne incorruptible. Les chrétiens, à la vérité, ne s'engageoient pas à ces exercices des gymnases, qui leur auroient trop fait perdre de temps, et encore moins aux combats des jeux publics, fondés sur l'idolâtrie ; mais ils ne laissoient pas de s'exercer le corps par des travaux utiles et pénibles (2). Saint Clément Alexandrin le conseille expressément dans son Pédagogue, et la plupart des anciens moines l'ont pratiqué. Aussi saint Paul ne dit pas que les exercices du corps n'ayent aucune utilité ; et quoiqu'il la juge petite, en comparaison des vertus chrétiennes, il l'au-

---

1 *Cor.* ix. 15.
2 *Pædag.*, liv. 3, c. 10.

roit sans doute jugée grande, en comparaison de ce que nous lui préférons communément. Car ce qui fait tant mépriser aujourd'hui les exercices, et qu'ils ne servent ni à acquérir de l'honneur, ni à gagner de l'argent, et qu'ils ne s'accordent pas avec la bonne chère, le sommeil et la paresse, en quoi la plupart des gens font consister leur bonheur.

En effet, il n'y a parmi nous que ceux que l'on destine à la guerre, à qui l'on apprenne quelques exercices par méthode: encore y a-t-il, ce me semble, deux défauts considérables. L'un, que l'on ne prend aucun soin de former les soldats qui composent tout le corps des troupes: on attend qu'ils soient enrôlés pour leur apprendre à manier leurs armes et à faire l'exercice; l'autre défaut est que dans les académies où on exerce les gentilshommes, on ne compte pour rien ce qui est le plus essentiel pour donner de la santé et rendre les corps robustes. Car on n'accoutume point les jeunes gens à vivre de viandes simples et grossières, à souffrir quelquefois la faim, le chaud, le froid et les injures de l'air, à passer les nuits sans dormir, à coucher ordinairement sur la dure, à être à cheval des journées entières; en un mot, à s'endurcir à toutes sortes de fatigues. Cependant ces fatigues sont d'un usage bien plus ordinaire à la guerre que la danse et les dernières finesses de l'escrime, et du manége. Ce soin que l'on prend de former le corps des gentilshommes, ne laisse pas, tout médiocre qu'il est, d'être une preuve bien sensible de l'utilité des exercices. De là vient sans doute que les gens de qualité, et les officiers d'armée ont d'ordinaire le corps mieux fait, ont plus de grâce à marcher et à faire toutes sortes de mouvements, non-seulement que les artisans et les bourgeois, mais que les gens de robe qui n'ont point passé par ces exercices. La seule différence des travaux fait encore un très grand effet, sans aucun soin de l'éducation. Les jardiniers et les laboureurs ont des corps tout autrement formés et proportionnés que les cordonniers, les tailleurs et les autres artisans sédentaires. Mais pour ne parler que de ceux que l'on élève avec plus de soin, sans les destiner à la guerre, pourquoi ne leur exerce-t-on point le corps, tandis que l'on en fait étudier un si grand nombre? est-ce qu'ils n'ont que de l'esprit et point de corps? est-ce que le latin ou la philosophie du collége leur sont plus nécessaires que la santé? Avouons la vérité, c'est que l'on n'y fait point de réflexion; on croit que la santé vient toute seule, que l'on en aura toujours assez, et que l'important est de gagner beaucoup d'argent, et de parvenir à de belles charges, comme si l'on pouvoit jouir de ces biens et de ces honneurs, sans vivre et se bien porter.

Quand je parle d'avoir soin de la santé, je ne parle pas de ces précautions de femmes et d'hommes sédentaires et trop aisés, qui se tâtent le pouls à tous moments, et qui, à force de craindre les maladies, sont presque toujours malades, ou du moins s'imaginent l'être; qui prennent des bouillons tous les matins; qui ne peuvent ni jeûner ni faire maigre, ni manger plus tard qu'une certaine heure; qui ne peuvent dormir s'ils ne sont couchés fort mollement et fort loin du bruit; qui n'ont jamais assez de châssis, de paravents et de contre-portes; en un mot, qui ont une horreur extrême des moindres incommodités. Ces gens abusent des soulagements qui ont été inventés pour les vrais malades, et pour ceux dont la santé est ruinée par de longs travaux, ou par une extrême vieillesse; et ce qui marque leur mollesse, c'est qu'ils n'usent jamais des moyens que j'ai marqués, du travail et de l'abstinence; ils aiment mieux prendre une médecine que de se priver d'un repas. Il est donc très important de faire comprendre de bonne heure aux jeunes gens l'erreur de ces prétendus infirmes, car ce sont ceux qui élèvent plus mal leurs enfants. Ils les embéguinent et les couvrent jusques au bout des doigts; ils ne leur laissent point faire d'exercice, de peur qu'ils ne se blessent ou qu'ils ne s'échauffent; ils les purgent réglément à certaines saisons, et leur persuadent si bien qu'ils sont d'une complexion foible et délicate, que les pauvres enfants le croient toute leur vie, et prétendent se distinguer par-là du commun, comme par leur bien et leur condition. Car, comme il n'y a que des riches et des gens de grand loisir qui puissent faire toutes ces façons, ils se persuadent qu'il n'appartient qu'aux paysans et aux crocheteurs d'avoir de bons corps, et se font honneur de leur foiblesse, comme d'une marque d'esprit : de-là vient qu'il n'y a point de précieuse qui n'ait des vapeurs, et qui ne garde souvent la chambre. Cependant, à le bien prendre, on devroit avoir beaucoup plus de honte d'être foible et mal sain, que d'être pauvre, puisqu'il y a plus de moyens innocents d'acquérir la santé que les richesses, et que ces moyens sont plus en notre pouvoir.

Il faut encore guérir les jeunes gens de quantité de superstitions, que l'ignorance des siècles passés a introduits dans la médecine, touchant la qualité de plusieurs viandes que l'on estime froides ou chaudes, sans raison, et contre l'expérience ; touchant plusieurs effets que l'on attribue sans fondement à la lune et aux autres astres. On peut mettre en ce rang une grande partie des préceptes de l'école de Salerne

Au contraire, je voudrois que l'on eût soin de leur apprendre ce qu'il y a de plus constamment établi entre les plus habiles médecins pour le régime ordinaire : les moyens de conserver la santé, les remèdes des maladies les plus fréquentes, et surtout ce qui regarde les blessures. Car il est plus difficile de les éviter, que les grandes maladies, et plus important de s'y pouvoir aider soi-même. Pour tout cela il seroit bon de savoir passablement l'anatomie, joint les autres grands usages que l'on en peut faire en morale pour connoître les passions, pour admirer la sagesse de Dieu, et sentir combien nous dépendons de sa puissance. Il seroit bon de savoir aussi la qualité des nourritures les plus ordinaires, des plantes les plus communes, des remèdes les plus faciles à trouver; tout cela suivant les expériences les plus assurées. On en pourroit étudier plus ou moins selon la capacité du maître, et le loisir et l'inclination du disciple. Il ne seroit pas inutile de faire observer les effets de certaines maladies les plus affreuses, pour imprimer aux jeunes gens une grande horreur de l'intempérance et de la débauche; et d'un autre côté les faire quelquefois entrer dans une cuisine et dans un office, et voir tout au long avec combien d'artifice, de peine, de temps, et de dépense, se préparent ces ragoûts et ces confitures, qui ne sont que l'ornement des repas.

CHAPITRE XXIII.

Qu'il ne faut point étudier par intérêt.

Voilà les instructions qui regardent toutes sortes de personnes, puisqu'il n'y en a point qui n'ait une ame et un corps, et que plusieurs n'ont point de bien dont la conservation est la fin des autres études générales qui me restent à expliquer. Les instructions suivantes regardent la conservation des biens, et par conséquent ne sont pas à l'usage de ceux qui sont tout à fait pauvres. Aussi les avis que je donne ne sont guères praticables qu'à l'égard des enfants qui naissent de parents au moins médiocrement accommodés. Les plus pauvres n'ont ni le talent ni le loisir d'instruire leurs enfants en particulier, et s'ils les font étudier, c'est en les envoyant à des écoles publiques. Mais peut-être avant de passer outre, ne sera-t-il pas inutile de dire un mot de ce qui doit attirer aux études, ou en détourner ceux qui sont tout à fait pauvres.

Régulièrement l'étude n'est point un moyen d'acquérir du bien, et ne convient qu'à ceux qui ont un honnête loisir; car je ne prétends point parler ici des moyens de gagner de quoi vivre, encore moins de ceux de faire fortune; ce n'est point la matière des études, et l'abus qu'en font ceux qui ne s'y appliquent qu'à cette fin, est la principale cause du mépris où sont tombés quelques gens de lettres. Le bon sens veut que l'on commence par pourvoir à sa subsistance avant de contenter sa curiosité, et ceux qui s'appliquent à l'étude n'ayant pas de quoi vivre, ressemblent à des voyageurs, qui, étant abordés à une île déserte, s'amuseroient à contempler les astres, ou à discourir sur le reflux de la mer, au lieu de bâtir des cabanes et de chercher des vivres. On a donc raison de ne pas faire grand cas de ces pauvres étudiants. On pourroit leur dire : Si vous êtes assez sages pour n'estimer que les biens de l'ame et mépriser les richesses, vous ne devez pas vous plaindre de la pauvreté, ni chercher à en sortir; mais si vous estimez les biens de fortune, comme la plupart des hommes, à quoi vous amusez-vous? Que ne prenez-vous les moyens ordinaires et naturels pour en gagner? Vous êtes nés à la campagne, demeurez-y : labourez le champ de vos pères; ou s'ils ne vous en ont pas laissé, servez un maître; travaillez à la journée, apprenez un métier; trafiquez, si vous en avez le moyen; choisissez quelque profession qui vous fasse subsister honnêtement, et laissez les études à ceux qui ont du loisir, qui sont riches, ou qui ne se soucient pas de l'être. Mais, dira quelqu'un, les études mêmes sont une de ces professions qui font vivre, du moins elles mènent à plusieurs professions utiles, l'Eglise, le Palais, la Médecine : et la vie en est bien plus douce que de labourer la terre, ou de travailler à un métier. Voilà la vaine espérance qui fait tant de pauvres prêtres, et tant de pauvres avocats.

Un paysan voit que son curé a de quoi vivre sans travailler de ses mains, qu'il est exempt de taille, qu'on l'appelle *Monsieur*, qu'il est du rang des honnêtes gens, et que pour arriver à cet état bienheureux, il n'y a qu'à savoir un peu de latin ; il se résout à apprendre ce latin ; il se fourre dans un collége ; il sert pendant plusieurs années ; il souffre beaucoup, et souvent plus que s'il eût demeuré à son village ; mais l'espérance le soutient, quelque difficulté qu'il trouve à étudier sans inclination, sans génie et même sans livres ; il ne laisse pas, avec le temps, de passer par toutes les classes, et de satisfaire aux formalités ; car enfin depuis qu'il a pris l'habit noir, il ne peut plus reculer, il faut qu'il devienne prêtre, capable ou non, malgré tous les Canons et la vigilance des évêques ; et l'étant devenu, il éprouvera encore bien d'autres misères :

il sera réduit à subsister des rétributions des Messes, à chercher de l'emploi, et quelquefois à mendier. Je ne parle point du déshonneur qu'il fait à l'Eglise, ni du tort qu'il fait à sa conscience, je ne parle que du temps qu'il perd, et combien on doit être sensible d'être réduit dans un pareil état, et je trouve sa vie plus misérable et plus incertaine, que s'il fût demeuré à labourer la vigne ou à garder son troupeau (1).

Que s'il a plus d'esprit ou d'industrie, plus de naissance ou d'éducation, il travaillera à acquérir des degrés, soit pour s'établir dans l'Université même, soit pour

---

' Il faut se reporter au temps de Fleury, pour bien saisir la justesse de ces remarques. Elles n'ont rien de commun au temps présent. La foi s'étant affoiblie dans la société, le nombre des prêtres a dû diminuer sensiblement, car le sacerdoce est un ministère de foi et de sacrifice, et ce seroit une étrange erreur de supposer aujourd'hui une pensée d'intérêt dans l'esprit des hommes qui se vouent à une carrière où ils ne recueilleront le plus souvent que du mépris. L.

se faire nommer sur quelque bénéfice, au hasard de soutenir de grands procès; et comme il y a beaucoup moins de places à remplir que de prétendants, il en arrive ici comme dans les emplois des finances, où, pour un qui réussit, il y en a toujours cinquante qui se remplissent de vaines espérances, qui empruntent et usent de toutes sortes d'industries pour se soutenir en attendant cette occasion favorable que plusieurs ne trouvent jamais.

Je ne dis pas qu'il faille exclure des études tous ceux qui sont pauvres. On ne trouveroit guères de gens à leur aise qui voulussent se donner la peine d'enseigner et de conduire des enfants : moins encore qui se chargeassent du service des paroisses, principalement à la campagne. Je désirerois seulement que le nombre n'en fût pas si grand; que l'on pût choisir sur ceux qui ont le plus de talent ou de vertu, et renvoyer ceux qui n'étudient que par des vues basses et sordides. On ne peut assez déplorer les extrémités où se jettent souvent ces jeunes gens, qui se sont embarqués témérairement dans les études, et se trouvent hors d'état d'apprendre un autre métier, ou croient tout le reste indigne d'eux. Plusieurs, ne sachant que devenir, se jettent sans vocation dans des communautés religieuses : ou, s'ils craignent de s'enfermer et de s'assujettir à une règle, ils cherchent quelque emploi de pratique ou de finance; ou, selon le génie, ils deviennent musiciens, poètes, comédiens, charlatans et tout ce que l'on peut imaginer.

Les études mêmes souffrent d'être traitées par des gens mal élevés, ou intéressés, ils n'ont que des vues basses et sordides; ils sont occupés du soin pressant de leur subsistance, ou du désir de gagner. Leur but n'est pas la connoissance de la vérité et la perfection de la raison, mais l'intérêt; ainsi ils forcent leurs pensées pour les y ajuster; ils n'étudient point ce qui est le meilleur en soi, mais ce qui est de meilleur débit; ils ne cherchent point à devenir effectivement plus habiles, mais à passer pour l'être, et à plaire aux autres quoiqu'ils ne s'y connoissent pas. En un mot, ils appellent *Etudes utiles*, non pas celles qui vont à quelque utilité publique, comme d'avancer les arts et perfectionner les mœurs, mais celles qui vont à enrichir ceux qui étudient.

Quoique je me sois déja fort étendu sur ce sujet, j'ajouterai encore qu'il ne faut pas espérer de rétablir les études tant qu'on les traitera comme un métier, et qu'on laissera étudier indifféremment toutes sortes de personnes; je vois bien que le choix en est très difficile, et je n'espère pas que l'on puisse établir un examen des esprits pour n'admettre aux études que ceux qui en seroient capables; on pourroit même souvent s'y tromper, car tel enfant y paroît peu disposé, qui réunit dans la suite toutes les qualités qu'il faut pour être un homme de mérite : j'estime toutefois que l'on ne pourroit manquer de rejeter tous ceux qui n'ont pas de quoi vivre honnêtement, à moins que d'apercevoir en eux les marques certaines d'un génie extraordinaire. Pour ceux-là, c'est l'une des charités les plus louables de les assister en toutes manières, et de ne pas permettre qu'un homme de grand talent devienne inutile faute d'un petit secours : c'est pour ces sortes de pauvres qu'ont été fondées les bourses des colléges, non pas pour ceux qui ne sont que pauvres sans esprit et sans mérite, et qui ne sont écoliers que pour vivre.

Pour conclusion, je ne puis m'empêcher d'exhorter tous ceux qui enseignent, qui étudient ou qui ont des enfants à faire étudier, de considérer attentivement tout ceci, et ne se pas laisser emporter au torrent de la coutume. Mais revenons à notre sujet.

Je prétends avoir expliqué jusques ici les études qui sont à l'usage de toutes sortes de personnes, tant des femmes que des hommes, tant des riches que des pauvres. Ces études sont celles qui regardent la religion, les mœurs, la conduite de l'esprit pour raisonner juste, et la santé. Je les ai traitées dans toute l'étendue que peut leur donner celui qui instruit un enfant de qualité, destiné à de grands emplois, à qui le maître donne toute son application, ayant tous les secours qu'il désire. On doit juger à proportion ce qu'il faut en faire apprendre à un homme de condition médiocre, à une femme, à un artisan. Ainsi, pour les pauvres, il suffira des instructions d'un curé soigneux de son devoir, d'un maître de petites écoles, ou d'un père raisonnable : ils peuvent même, pour la plupart, se passer de lire ni d'écrire; et j'estime beaucoup plus nécessaire qu'ils soient instruits de tout ce que j'ai expliqué, autant qu'ils en seront capables. Maintenant je viens aux études qui servent pour les affaires, et qui, par conséquent, sont encore communes à tous ceux qui ont du bien, de quelque sexe et de quelque condition qu'ils soient. Ces études nécessaires pour les affaires, sont la *grammaire*, l'*arithmétique*, l'*œconomique*, la *jurisprudence*; mais il faut expliquer en quel sens je prends tous ces mots.

CHAPITRE XXIV.

Grammaire.

Par la *grammaire*, j'entends seulement lire et écrire, parler bien françois, et l'écrire correctement; en sorte que l'on ne soit point embarrassé, ni du choix des mots, ni de la construction du discours, et que l'on écrive bien, même les choses les plus communes : une lettre, un mémoire pour des affaires. Je ne crois pas que l'on doive commencer à montrer à lire avant six ans, si les naturels ne sont fort heureux. Car c'est une étude fâcheuse; il n'y a point de ce que les enfants cherchent, qui est le plaisir : et il y faut beaucoup de patience, dont ils n'ont point. Jugeons-en par nous-mêmes. Quelle peine n'a-t-on point en âge de raison parfaite, quand on apprend à lire l'hébreu ou l'arabe? On est pressé par la curiosité, on veut de tout son cœur apprendre, on est accoutumé à étudier et à s'appliquer ; cependant il est bien fâcheux de s'arrêter si long-temps les yeux sur les mêmes figures, assembler si souvent les mêmes lettres, suppléer par la mémoire ce qui manque à l'écriture, comme il en manque en toutes sortes de langues ; et prononcer enfin, pour tout fruit de ce travail, des mots que l'on n'entend point. Et on trouve mauvais que de pauvres enfants, qui ne cherchent qu'à se réjouir, ne prennent pas en gré toute cette peine ; et on les châtie rudement, quand ils ne s'ennuient pas assez long-temps sur leur livre. Après tout, pourquoi les tant presser, surtout quand ils sont d'une condition honnête, où ils seront obligés de lire et écrire toute leur vie ? Craint-on qu'ils l'ignorent quand ils seront grands, et en voit-on seulement qui arrivent à dix ou douze ans sans le savoir ? On n'en voit point, me dira-t-on, parce qu'il n'y en a point que l'on ne contraigne de l'apprendre dès l'enfance. Mais, croit-on que l'émulation, la honte de n'être pas comme les autres, et la nécessité de lire et d'écrire dans tout le reste des études, n'y fasse pas aussi beaucoup?

Cependant la dureté de ces premières leçons les dégoûte pour long-temps de toute étude. Il faut avoir beaucoup de patience, les faire lire peu à la fois, augmentant insensiblement à mesure que la facilité vient, et leur apprendre en même temps des histoires, ou d'autres choses qui les réjouissent. On fait lire d'abord en latin, parce que nous le prononçons plus comme il est écrit, que le françois : mais je crois que le plaisir qu'auroit un enfant d'entendre ce qu'il liroit, et de voir l'utilité de son travail, l'avanceroit bien autant. C'est pourquoi je voudrois lui donner bientôt quelque livre françois qu'il pût entendre. Il est aisé de voir que les mêmes difficultés que l'on a pour apprendre à lire, on les a pour le latin et pour les autres langues, et qu'elles durent plus long-temps. On y a même joint, par l'usage des écoles, une autre difficulté, qui est celle des règles et de tout l'art de la grammaire. Car quoique nous soyons accoutumés à n'apprendre le latin qu'avec la grammaire, ni la grammaire qu'en latin, ou sur le fondement de la grammaire latine, il est clair toutefois que ce sont deux études séparées, puisqu'il n'y a point de langue qui ne s'apprenne, et qu'il n'y en a point aussi qui n'ait sa grammaire. J'ai fait voir que cette méthode a commencé du temps que le latin étoit vulgaire, et que la grammaire grecque, qui est la première que nous connoissons, a été faite aussi par les Grecs.

Ainsi pour imiter ces anciens, que nous estimons avec tant de raison, il faudroit étudier la grammaire en notre langue, avant de l'étudier dans une autre. Comme cette étude ne consisteroit qu'à faire faire à un enfant des réflexions sur la langue qu'il sauroit déja, il y auroit souvent du plaisir, et les difficultés qu'il y rencontreroit seroient moindres, que si elles étoient jointes à celle d'apprendre une langue. Toujours on auroit cet avantage, que l'on pourroit lui faire entendre parfaitement tous les préceptes par des exemples familiers. Mais je ne voudrois pas le charger de beaucoup de préceptes, puisque le grand rafinement dans la grammaire consume un grand temps, et n'est point d'usage.

Telle exception vous aura peiné tout un jour à retenir, dont vous n'aurez pas à faire trois fois en la vie. Je me contenterois des principales définitions et des règles les plus générales; et je me bornerois à bien parler et bien lire, observer en écrivant une orthographe très correcte, entendre tout ce que l'on dit et tout ce que l'on lit, autant que la connoissance de la langue y peut servir. Il suffiroit pour cela de connoître les divisions de lettres, les parties du discours et leurs subdivisions, et le reste que je ne puis mettre en détail, à moins que de faire une grammaire. Or, afin que ces préceptes ne fussent pas secs et décharnés, comme ils sont dans les livres, je voudrois les rendre sensibles et agréables par l'usage. Quand un enfant auroit lu quelque temps en sa langue des choses qu'il entendroit, et où il prendroit plaisir, s'il étoit possible, on commenceroit à lui faire observer que toute cette écriture ne consiste qu'en vingt-deux lettres, et que tous ces grands discours ne sont composés que de neuf genres de mots; qu'il y a deux sortes d'articles; qu'il y a des genres dans les noms, des temps et des personnes dans les verbes; des nombres dans les uns et dans les autres, et ainsi du reste. Lorsqu'il sauroit un peu écrire, on lui feroit rédiger les histoires que l'on lui auroit contées, et on lui corrigeroit les mots bas ou impropres, les mauvaises constructions, et les fautes d'orthographe. On pourroit lui dire les règles des étymologies, et lui en apprendre plusieurs aux occasions. Elles servent fort pour entendre la force des mots et l'orthographe, et elles sont divertissantes. Ainsi avec peu de préceptes, et beaucoup d'exercice, il apprendroit en deux ou trois années, autant de grammaire qu'il en faut à un honnête homme, pour l'usage de la vie; et plus que n'en savent pour l'ordinaire ceux qui ont passé huit ou dix ans au collége.

La plupart en pourroient demeurer là, et n'apprendre point d'autre langue. Les gens d'épée, les praticiens, les financiers, les marchands, et tout ce qui est au-dessous; enfin, la plupart des femmes peuvent se passer de latin; l'expérience le fait voir. Mais s'ils savoient autant de grammaire que j'ai dit, il leur seroit bien plus aisé de se servir de bons livres françois, et des traductions des anciens; et peut-être se désabuseroit-on à la fin de la nécessité du latin, pour n'être pas ignorant. Il est vrai que le latin est nécessaire aux ecclésiastiques et aux gens de robe, et qu'il est fort utile aux gens d'épée, quand ce ne seroit que pour les voyages; et entre les femmes, aux religieuses, pour entendre l'office qu'elles récitent. Mais je crois qu'il seroit beaucoup plus facile à apprendre, si on ne le mêloit point tant avec les règles de la grammaire. Non que je croie qu'il faille l'apprendre par le seul usage: quoiqu'il y en ait quelques exemples, même de notre temps, la méthode n'en est pas encore assez établie, pour la proposer à tout le monde. Joint que quelque habitude de parler qu'eussent des enfants, j'aurois bien de la peine à croire qu'elle demeurât ferme sans le secours des règles, dans une langue qu'ils n'exercent pas continuellement. On a véritablement l'exemple des Juifs, qui apprennent l'hébreu à leurs enfants sans aucune règle, et les y rendent fort savants; mais c'est avec un grand temps. Servons-nous donc plutôt des règles, pourvu qu'elles aident les enfants, et qu'elles ne les accablent pas. Or, s'ils les savent déjà en leur langue, le reste sera bien aisé. Il n'y aura qu'à leur faire observer ce que la langue latine a de différent : le manque d'articles, les déclinaisons des noms, le passif dans les verbes, la liberté d'arranger différemment les mots, et tout le reste. Ce ne seront pour la plupart que des acceptions, des règles générales qu'ils auront apprises. Au reste, il faudra les exercer continuellement par la lecture de quelque auteur qu'ils puissent entendre avec plaisir, s'il se peut, et faire état qu'ils apprendront bien mieux les règles par l'usage qu'on en fera remarquer, que par l'effort de leur mémoire, quoiqu'il ne faille pas laisser de leur faire apprendre par cœur. Ce qui les leur imprimera le mieux, sera la composition; mais on ne peut ni la commencer sitôt ni la continuer si long-temps que la lecture, qui doit être leur principal exercice, et durer pendant tout le cours des études. Car il y a cette commodité à la grammaire et à l'étude des langues, que comme ce sont des instruments, celui qui les a une fois apprises, s'y fortifie à mesure qu'il s'en sert, parce que les livres où il apprend les choses, sont composés des paroles d'une certaine langue arrangée selon la grammaire.

CHAPITRE XXV.

Arithmétique.

L'*arithmétique* vient ensuite; et je crois qu'il la faut commencer plus tard, lorsque la raison se forme tout-à-fait, comme à dix ou douze ans. On montrera d'abord au disciple la pratique des quatre grandes règles; on l'exercera à calculer aux jetons et à la plume, à se servir de toutes sortes de chiffres, à réduire les poids et les mesures les plus d'usage. Ensuite on passera aux règles plus difficiles, puis on lui montrera les raisons de toutes, et on lui enseignera la science des proportions, selon le loisir et le génie [1].

CHAPITRE XXVI.

Économique.

On s'étonnera, sans doute, que je compte l'*Économique* entre les études, et même

[1] Il faut convenir que ce chapitre est bien incomplet pour le temps où nous sommes. Les sciences mathématiques sont cultivées dans nos écoles avec un soin qui doit paroître souvent excessif, ne fût-ce que parce qu'on en fait une loi universelle pour tous les esprits ; mais il n'en est pas moins vrai que la note de Fleury, sur l'arithmétique, et le petit chapitre qu'on lit plus loin sur la géométrie, sont aujourd'hui très insuffi-

entre les plus nécessaires ; mais voici ce que je veux dire : l'étude de la jeunesse doit consister à acquérir en ce premier âge les connoissances qui doivent servir dans tout le reste de la vie, ou du moins les principes de ces connoissances, comme je crois l'avoir montré. Donc ce qui est nécessaire aux affaires les plus communes et les plus ordinaires, qui vont à l'entretien de la vie et au fondement de la so-

sans. Il y auroit un traité tout entier à faire sur la manière de mettre l'étude des sciences exactes en harmonie avec l'étude des sciences morales. Ce traité devroit au moins paroître nouveau ; car jusqu'ici, on n'a fait des mathématiques qu'une étude abstraite et tout à fait isolée de l'ensemble des sciences humaines ; et c'est pour cela qu'on a pu les accuser de dessécher l'ame, et d'affoiblir, en quelque sorte, les hautes facultés de l'esprit. Là, où la religion ne vient pas mêler ses inspirations, les études restent froides et le génie s'abaisse vers la matière. Cultivons les sciences, mais en les rattachant aux grandes pensées d'un ordre moral, dont la Providence a fait la règle de l'esprit, et le principe même de l'intelligence.

L.

ciété civile; ces connoissances doivent tenir le premier rang après celles qui regardent l'homme en lui-même, et qui servent directement à perfectionner l'ame ou le corps. Aussi c'est principalement l'ignorance de ces sortes de choses, qui fait que plusieurs méprisent les étudiants et les études. Quelles sont les pensées d'un enfant de famille qui sort du collége? de se divertir, et de faire des connoissances; et s'il a pris goût aux études, de suivre sa curiosité. Il ne se met point en peine comment il subsiste, d'où lui vient de quoi se nourrir, s'habiller, et tout le reste; il regarde seulement comment vivent les autres jeunes gens de sa condition, et ne veut pas se passer à moins, ni manquer d'argent pour jouer ou satisfaire à d'autres passions. Cependant il se remplit l'imagination de comédies, de romans, de musique et d'autres curiosités de ce genre; ou s'il n'a pas d'esprit, il se borne à des plaisirs plus grossiers. Il faut qu'il arrive quelque grand changement dans sa fortune, la mort d'un père, une grande succession à recueillir, une grand procès, un mariage, une charge dont il se trouve revêtu, pour lui faire ouvrir les yeux, et s'apercevoir qu'il y a des affaires dans le monde, et qu'il y a des soins qui le regardent aussi bien que les autres hommes. Je sais qu'il y a en cela beaucoup du naturel de la jeunesse, qui est poussée au plaisir par des passions violentes, et n'a pas assez d'expérience pour faire cas des choses utiles; mais c'est pour cela même qu'il faut aider la jeunesse et la retenir, au lieu qu'il semble que l'on veuille seconder ses défauts. Les jeunes gens n'aimeront jamais le travail ni les affaires, il est vrai, mais du moins il faut tâcher, en les y préparant de bonne heure, de faire qu'elles ne leur paroissent point si amères ni si pesantes, quand ils viendront à l'âge de s'y appliquer tout de bon. C'est pour cela que je compte entre les études nécessaires à tout le monde, l'*Économique* et la *Jurisprudence :* et voici en quoi je fais consister l'Économique.

Comme les premiers objets dont les enfants sont frappés, sont le dedans d'une maison, ses diverses parties, les domestiques et les services différents, les meubles et les ustensiles du ménage, il n'y a qu'à suivre leur curiosité naturelle pour leur apprendre agréablement l'usage de toutes ces choses, et leur faire entendre, autant qu'ils en sont capables, les raisons solides qui les ont fait inventer, leur faisant voir les incommodités dont elles sont les remèdes. On les accoutumeroit ainsi à admirer la bonté de Dieu dans toutes les choses qu'il nous fournit pour nos besoins; l'industrie qu'il a donnée aux hommes pour s'en servir; le bonheur d'être né dans un pays bien cultivé, et dans une nation instruite et polie; à prendre des idées nobles de toutes ces choses que la mauvaise éducation et la vanité de nos mœurs nous fait mépriser, et ne point tant dédaigner une cuisine, une basse-cour, un marché, comme font la plupart des gens élevés honnêtement. Enfin on les accoutumeroit à faire des réflexions sur tout ce qui se présente, qui est le principe de toutes les études. Car on se trompe fort, quand on s'imagine qu'il faut aller chercher bien loin de quoi instruire les enfants. Ils ne vivront ni en l'air ni parmi les astres, moins encore dans les espaces imaginaires, au pays des êtres de raison, ou des secondes intentions; ils vivront sur la terre, dans ce bas monde, tel qu'il est aujourd'hui, et dans ce siècle corrompu.

Il faut donc qu'ils connoissent la terre qu'ils habitent, le pain qu'ils mangent, les animaux qui les servent, et surtout les hommes avec qui ils doivent vivre et avoir à faire, et qu'ils ne s'imaginent pas que c'est s'abaisser, que de considérer tout ce qui les environne. Dans une grande famille, il y aura plus de matière pour ces instructions que dans une moindre, et il y en aura plus encore, si les enfants sont tantôt à la ville et tantôt à la campagne. Aussi les enfants de qualité, qui peuvent avoir toutes ces commodités, ont besoin de savoir plus de choses que les autres. A mesure que l'âge avanceroit, on leur en diroit davantage; et on feroit ensorte de les instruire passablement des arts qui regardent la commodité de la vie, leur faisant voir, travailler, et leur expliquant chaque chose avec grand soin. On leur feroit donc voir, ou dans la maison ou ailleurs, comment on fait le pain, la toile, les étoffes; ils verroient travailler des tailleurs, des tapissiers, des menuisiers, des charpentiers, des maçons, et tous les ouvriers qui servent aux bâtiments. Il faudroit faire ensorte qu'ils fussent assez instruits de tous ces arts, pour entendre le langage des ouvriers, et pour n'être pas aisés à tromper. Cependant cette étude seroit un grand divertissement pour eux; et, comme les enfants veulent tout imiter, ils ne manqueroient pas de se faire des jeux de tous ces arts, en s'efforçant de les imiter. Il ne faudroit ni s'y opposer durement, ni s'en moquer, mais les aider doucement, leur montrant ce qu'il y auroit de chimérique dans leurs entreprises, et ce qui seroit faisable. Ce seroit une occasion de leur apprendre beaucoup de mécanique, et ils auroient le plaisir de réussir en quelque chose, qui est très grand en cet âge. Il seroit bon aussi de leur apprendre le prix commun des ouvrages qu'ils pourront commander, et des choses qu'ils pourront acheter suivant leur condition; et même de celles qu'ils feront acheter par d'autres. Car encore que ces prix changent très souvent, celui qui les a sus une fois, ne sera pas si incertain, principalement si on l'a bien averti des raisons qui rendent certaines denrées si chères en comparaison des autres, et des causes les plus ordinaires de ces changements de prix. Je voudrois aussi qu'un jeune homme sût de bonne heure, ou par son expérience, ou par un récit exact, ce qui est nécessaire pour les voyages.

Voilà ce que j'appelle *l'Économique*. On voit bien que je ne prétends pas que l'on en fît une étude en forme, ni qu'on l'apprît dans les livres. Elle s'apprendroit par la conversation et par la pratique, et seroit moins de la fonction d'un précepteur, que du soin d'un bon père ou d'un tuteur affectionné. Toutefois, les autres études l'aideroient, et elle les aideroit. Pour exercer les règles d'arithmétique, on pourroit dresser des comptes, et tenir un registre de recette et de dépense, qui est une pratique si nécessaire à tout homme qui a du bien à gouverner, qu'elle est même recommandée dans l'Écriture. Dans les auteurs d'humanités, comme Cicéron et Virgile, on pourroit leur faire observer combien les Romains estimoient alors l'agriculture, et l'application à leurs affaires domestiques. On le verroit mieux dans les auteurs qui ont écrit du ménage de la campagne, comme Caton et Columelle, et dans les livres de droit ; aussi falloit-il que les jeunes Romains fussent de bonne heure en état d'agir et de conduire leurs affaires, puisqu'à quatorze ans ils étoient hors de tutelle, et qu'à dix-huit ils passoient pour hommes faits, venoient dans la place, et postuloient librement devant les magistrats. Pour les Grecs, l'Économique de Xénophon, Aristophane, Théocrite, Hésiode et Homère feroient voir qu'ils s'appliquoient fort, au-dedans de leur maison, au ménage et à tout le travail des champs ; et que les plus riches et les plus honnêtes gens faisoient alors

[1] *Eccl.* 42, 7.

leur occupation et leurs délices de ce qui est aujourd'hui regardé comme le partage des misérables. L'autorité de ces grands noms, et l'agrément de ces excellents ouvrages, donneroient des idées nobles de toutes les choses les plus communes dans la vie ; ce qui mettroit le disciple en état de profiter beaucoup plus, même de l'Ecriture sainte, voyant que tout ce qu'il y trouvoit de bas et de grossier vient des mœurs simples et solides de cette sage antiquité, où personne ne dédaignoit le travail, non plus que la nourriture ; c'est ce que je pense avoir montré dans *les Mœurs des Israélites*. Mais soit que le disciple lût ces auteurs, ou que le maître lui rapportât ce qu'ils disent, je voudrois qu'il eût grand soin de rendre tout bien sensible, et de le rapporter à notre usage. Laissons aux grammairiens de profession la recherche curieuse de toutes les plantes que nomme Virgile, et la description de tous les instruments d'agriculture dont parle Hésiode ; prenons seulement occasion de ce qu'ils disent pour faire entendre à notre écolier ce qui se fait auourd'hui dans notre pays; et consolons-nous s'ils ont dit quelque mot que nous n'entendions pas, pourvu que nous entendions aussi bien notre ménage qu'ils entendoient le leur.

CHAPITRE XXVII.

Jurisprudence.

Pour la *Jurisprudence*, comme elle dépend moins de l'imagination, et qu'elle a beaucoup plus de raisonnement, il faut attendre que l'esprit soit plus accoutumé à s'appliquer, et que le jugement soit plus formé, c'est-à-dire vers treize ou quatorze ans, et à la fin des études. Il est toutefois bien plus aisé de la rendre sensible et agréable, que la philosophie qui est d'ordinaire l'étude de cet âge : surtout après ce fondement d'Économique dont j'ai parlé, elle seroit bien plus facile. On peut juger que par *la Jurisprudence* je n'entends pas ici cette étude si longue et si difficile qui fait les jurisconsultes de profession, et qui embrasse la connoissance, non-seulement de toutes les lois qui sont en usage dans un pays, sur quelque matière que ce soit, mais de tout ce qui sert à les interpréter, pour les appliquer aux affaires particulières. Je ne parle ici que des études nécessaires à tout le monde. Ainsi, à l'égard du droit, j'entends seulement ce que chaque particulier est obligé d'en savoir pour conserver son bien, et ne rien faire contre les lois. Chacun y est obligé par les lois mêmes, qui présument que tous les citoyens en sont instruits, qui en imputent l'ignorance comme une faute, la punissent, ou par la perte des biens, si l'on a manqué d'observer les règles, de les acquérir et de les conserver, ou par des peines plus sévères, si cette ignorance a porté jusques au crime. Cependant on n'a aucun soin d'en instruire les jeunes gens, hormis ceux que l'on destine à la robe : et on s'étonne sans doute que je souhaite qu'on leur en parle. Mais, à examiner les choses sans prévention, cette étude est bien aussi utile, pour le moins, que la philosophie que l'on enseigne, et n'est pas plus difficile. La philosophie, dit-on, exerce l'esprit des jeunes gens, et les rend subtils. Aussi feront les subtilités du droit, qui serviront à faire mieux entendre le principal. On craint de les fatiguer, si on leur parloit d'usufruit et de propriété; de la différence entre le droit d'hérédité et les corps héréditaires, entre les parts par indivis et les parts divisées, quoique l'on puisse faire voir les effets solides de toutes ces distinctions. Ne craint-on point aussi qu'ils s'ennuient des universels, des catégories, de l'infini en actes ou en puissance, et des êtres de raison? Enfin la connoissance du droit, agréable ou non, est nécessaire à tous ceux qui vivent sous les mêmes lois.

Cette étude seroit bien facile si nous avions des lois certaines, comme les Romains avoient celles des Douze-Tables, les Athéniens celles de Solon, les Hébreux celles de Moïse, ou plutôt de Dieu. Il n'y auroit qu'à lire ces lois, pour apprendre son devoir; mais il n'en est pas ainsi: il faut un grand usage pour distinguer, dans les gros volumes des Ordonnances de nos Rois, celles qui s'observent d'avec les autres. Les coutumes ne parlent que de certaines matières. Nous suivons quantité de règles du droit Romain, dont toutefois la plus grande partie n'est point reçue, au moins dans nos pays de coutumes. Notre droit étant donc si mêlé et si peu certain, nous avons beaucoup plus besoin d'étude pour le connoître ; je dis pour en avoir cette connoissance médiocre que l'on présume dans tous les particuliers ; car, pour le savoir exactement, c'est l'étude de toute la vie.

Voici en quoi je fais consister cette connoissance médiocre, nécessaire à tout le monde ; premièrement, à entendre les termes dont on use ordinairement en parlant d'affaires, et qui sont employés dans les ordonnances, les coutumes, et les autres livres de droit, comme *fiefs*, *censive*, *propres*, *acquêt*, *déguerpir*, *garantir*, et tous les autres qui ne sont point de l'usage ordinaire de la langue. Les enfants peuvent apprendre de bonne heure tous ces mots, principalement si l'on a soin de leur en faire entendre le sens par des exemples sensibles, et plus tôt ils les auront appris, moins ils leur paroîtront barbares dans la suite : toujours vaut-il bien autant en charger leur mémoire, que des noms des figures de rhétorique et des termes de philosophie. Après cette connoissance du langage, qui emporte beaucoup de définitions, je voudrois que l'on apprît les maximes les plus générales du droit qui regardent les particuliers ; comme des tutelles, des successions, des mariages, des contrats les plus ordinaires, sans entrer dans les subtilités du droit, ni affecter trop de méthode, mais seulement y employant un peu d'ordre, pour éclairer l'esprit et secourir la mémoire. Ensuite il faudroit traiter de la manière de poursuivre son droit en justice; et sans descendre au détail de la procédure, en marquer l'ordre en gros, et la nécessité qu'il y a d'observer exactement dans les jugements les formalités établies. La difficulté seroit pour le maître, à choisir dans les livres ces connoissances nécessaires, qui y sont si éparses et si mêlées ; car il faut avouer que nous n'avons point encore d'ouvrage, où tout ce que je viens de dire soit rassemblé et séparé du reste. En attendant que quelqu'un fasse ce travail, on pourroit se servir des Instituts de Justinien, de l'Institution coutumière de Loisel, de celle de Coquille, de l'Indice de Ragueau, et des autres ouvrages semblables. De plus, il seroit bon de faire lire à l'écolier la coutume de son pays tout entière, et lui faire voir quelques contrats des plus communs, pour en entendre les clauses principales.

Mais, dira quelqu'un, n'y a-t-il pas déjà trop de chicaneurs en France, sans vouloir que tout le monde le devienne? Voila le langage ordinaire des ignorants, de nommer *chicaneurs* tous ceux qui entendent les affaires, ou qui en parlent en termes propres. Au contraire, une des plus grandes sources de la chicane, est cette ignorance de droit : de là vient que l'on fait des traités désavantageux qu'ensuite l'on ne veut point exécuter; que l'on demande tant de rescisions et de restitutions contre des surprises ; que l'on entreprend témérairement des procès dont on ne voit pas les conséquences ; qu'ayant raison dans le fond, on s'abandonne à la conduite d'un solliciteur, qui gâte le bon droit par la mauvaise procédure. Que si quelque connoissance des affaires produit la chicane, c'est la connoissance confuse et incertaine d'un petit détail de pratique sans ordre et sans science des principes, d'où vient que les plus grands chicaneurs sont toujours les praticiens du dernier ordre. Or, on ne peut avoir que ces notions obscures et imparfaites, quand on ne s'instruit que par l'usage, outre que c'est un maître bien lent, et qui n'instruit guères que par les fautes que l'on fait ; encore après un long temps, ne saurez-vous que de certaines affaires particulières, dont vous saurez même trop de détail, et vous ignorerez entièrement tout le reste. Il me semble qu'il vaut bien mieux ne se pas attendre tout-à-fait à l'expérience, et s'y préparer par quelques connoissances générales ; car, quoi-qu'il soit vrai que beaucoup de gens s'instruisent suffisamment des affaires par le seul usage, il faut avouer qu'ils s'en instruiroient encore mieux et plus aisément s'ils y joignoient quelqu'étude. Et puisqu'il y a un certain âge où l'on veut que les jeunes gens étudient, quand ce ne seroit que pour les occuper, pourquoi ne les occupera-t-on pas plutôt à ce qui pourra leur servir dans la suite, qu'à ce qui n'est bon que pour l'école, c'est-à-dire pour rien, puisque l'école n'est bonne qu'en tant qu'elle sert pour le reste de la vie ? Au reste, il ne faut pas craindre qu'ils apprennent un peu plus de droit que ce qui leur sera nécessaire absolument ; il est difficile de mesurer si juste ce nécessaire, et on ne retient que le gros de tout ce que l'on apprend.

On pourroit aider à égayer cette étude, un peu sombre d'elle-même, par la connoissance de quantité de faits, qui, donnant à l'écolier un peu d'expérience avant l'âge, lui rendroient plus sensibles, et les maximes et les raisonnemens du droit. Je voudrois donc que l'on entretînt souvent un jeune homme des différentes conditions des gens du même pays, de leurs occupations, de ce qui les fait subsister; qu'il sût comment vit un paysan, un artisan, ou un bourgeois; ce que c'est qu'un juge, ou un autre homme de robe; je dis ce qu'ils sont, non pas ce qu'ils doivent être, de quelle naissance ils sont, comment ils arrivent aux charges, comment ils y subsistent; qu'il sût comment vivent les soldats et les officiers d'armée; qu'il connût aussi les ecclésiastiques et les religieux; en un mot, tous les hommes avec qui il doit vivre. Il faudroit aussi lui décrire les différentes natures de biens; quel est le revenu depuis la moindre ferme jusqu'à la plus grande seigneurie, et comment on fait pour retirer ces revenus; ce que c'est que le trafic et la banque, et comment on s'y enrichit; les différentes natures de rentes; enfin, les diverses manières de vivre et de subsister selon la diversité des provinces. Et comme on ne peut guères apprendre tout cela que par la conversation, il faut montrer aux jeunes gens à profiter de l'entretien de toutes sortes de personnes, jusques aux paysans et aux valets. Le moyen est de faire parler chacun de son métier et des choses de sa connoissance; tous les deux trouvent leur compte en mutuelle conversation; celui qui parle a le plaisir d'instruire et de se faire écouter; celui qui écoute a le plaisir d'entendre quelque chose de nouveau, et le profit en demeure.

La lecture des anciens peut aussi servir à connoître ces mêmes faits, comme j'ai marqué pour l'Économique; les Oraisons et les Lettres de Cicéron sont pleines d'un merveilleux détail d'affaires, que l'on peut faire observer à l'écolier, selon son besoin. S'il doit mener une vie privée, on lui expliquera principalement les affaires particulières; s'il est destiné par sa naissance à de grands emplois, on l'arrêtera plus sur les affaires publiques. Tite-Live et les autres historiens lui en apprendront aussi beaucoup; ainsi une même lecture peut servir à plusieurs usages : pour la grammaire, pour la rhétorique, pour l'histoire, la morale, l'économique, la jurisprudence; on appuieroit tantôt sur un genre de réflexions, tantôt sur l'autre, selon les occasions, et il seroit difficile que quelqu'une ne fît son effet. Mais il faut éviter, en toutes ces observations, la curiosité qui tente continuellement, si ce n'est en tant qu'elle peut servir comme d'un ragoût pour réveiller l'appétit de savoir ; car au reste, ce ne sera pas un grand malheur de ne pas entendre quelque mot de Plaute ou de Varron, qui marque la fonction d'un esclave ; ou d'ignorer quelque formalité des Comices, pourvu que l'on retienne que les Romains entendoient fort bien leurs affaires, et particulières et publiques ; qu'ils y étoient fort appliqués, et que tous ces grands hommes, que nous admirons dans leur histoire, ne se sont rendus grands, chacun selon leur génie, que par cette application. Ainsi cette étude du droit ne serviroit pas seulement à rendre les jeunes gens capables d'affaires, elle contribueroit plus qu'une autre à leur rendre l'esprit solide, et à leur former le jugement, puisqu'elle ne consisteroit qu'à leur faire connoître la vérité des choses les plus proportionnées à la connoissance des hommes.

Or, il me semble que dans les études on devroit principalement chercher cette solidité et cette droiture de jugement; il n'y a que trop de bel esprit dans le monde, mais il n'y aura jamais assez de bon sens. Pourquoi tant vanter aux écoliers ce brillant et ce feu d'esprit, que l'on ne peut donner à ceux qui ne l'ont pas naturellement, et qui nuit plus d'ordinaire qu'il ne sert à ceux qui l'ont? Cultivons le bon sens et le jugement; tous ceux qui ne sont pas nés stupides, peuvent arriver à la droiture d'esprit, pourvu qu'on les accoutume à s'appliquer et à ne point précipiter leurs jugements; et ce n'est que par-là que l'on réussit dans les affaires et dans toute la conduite de la vie. La connoissance des affaires contribueroit encore à détacher les jeunes gens de la bagatelle et à les rendre sérieux; car nous sommes tels que les pensées qui nous occupent. Elle les accoutumeroit à s'appliquer, à être soigneux, à aimer la règle et la justice, que l'on ne peut manquer d'aimer, si on la connoît, avant d'avoir intérêt de s'y opposer. Or, les jeunes gens ne sont pas encore sensibles à l'intérêt, l'avarice est le moindre de leurs vices; pour donner de l'application et du soin, il seroit fort à souhaiter que l'on joignît la pratique aux instructions, qu'un père fît entrer son fils dans les conseils de ses affaires domestiques, qu'il le fît parler sur celles qui se présentent; qu'il le chargeât de quelques-unes les moins difficiles, qu'il lui donnât à gouverner quelque partie de son bien, dont il lui fît rendre compte. Rien ne seroit plus salutaire à un grand seigneur que d'avoir été ainsi élevé, d'être tellement capable d'affaires, qu'il n'eût des intendans, des agens et des solliciteurs, que pour se soulager et non pour se décharger tout-à-fait; qu'il conduisît lui-même tout le gros de ses affaires, ne laissant à ses gens que l'exécution et le détail : en un mot, qu'il gouvernât ses gens, au lieu d'en être gouverné, comme il n'arrive que trop souvent; car n'est-il pas évident que cette dépendance absolue où les gens d'affaires tiennent leurs maîtres, et cette inapplication, qui ruine tant de grandes maisons, vient principalement de l'ignorance des gens de qualité et de leur mauvaise éducation ? Je sais bien qu'il y a beaucoup de paresse et d'attachement au plaisir ; mais il arrive quelquefois que l'on se dégoûte du plaisir et que l'on secoue la paresse, au lieu que l'on ne s'instruit point quand on a passé un certain âge : d'abord on conçoit de l'aversion pour les affaires, parce que l'on n'entend point les termes et que l'on ne sait point les maximes : on se flatte que le bon sens suffit pour les régler, et chacun croit en être bien pourvu ; mais on ne considère pas que le droit est mêlé d'une infinité de faits et de règles établies par les hommes, qu'il est impossible de deviner : quand on vient à reconnoître la nécessité de s'en instruire, on a honte d'avouer son ignorance ; enfin la longue habitude de ne s'appliquer à rien et de ne se point contraindre, l'emporte souvent sur les intérêts les plus pressans. Voilà ce que j'entends par les noms de *Grammaire*, d'*Arithmétique*, d'*Économique* et de *Jurisprudence* ; et voilà toutes les études que j'estime les plus nécessaires [1].

[1] On ne pouvoit rien changer à ce chapitre ;

CHAPITRE XXVIII.

Politique.

Ceux qui par leur naissance sont destinés à de grands emplois, ont besoin de quelques instructions plus étendues que les simples particuliers. Leur jurisprudence doit embrasser le droit public, leur morale doit s'étendre jusques à la politique : car pour les gens du commun, ces études ne peuvent être mises qu'au rang des curiosités. Il est difficile d'empêcher les hommes de discourir : mais il est difficile aussi que les princes ou des ministres d'état s'empêchent de rire, quand ils voient des bourgeois ou des

---

mais ce qu'il contient de vrai, relativement à l'époque où vivoit Fleury, est sans utilité pour une époque où l'étude des lois a dû trouver une autre règle et suivre d'autres principes.

L.

artisans disputer sur les intérêts des potentats, et leur prescrire des règles pour leur conduite. A l'égard des enfans, dont on peut raisonnablement prévoir qu'ils arriveront un jour à de grandes places, il est important de leur donner de bonne heure des maximes droites, de peur qu'ils n'en prennent de fausses, ou qu'ils n'agissent au hasard. Je voudrois donc leur faire connoître premièrement l'état du gouvernement présent de leur pays, les différentes parties dont ce corps est composé, les noms et les fonctions des officiers qui les gouvernent, la manière de rendre la justice, d'administrer les finances, d'exercer la police, et ainsi du reste; la forme des conseils pour les affaires publiques. Je voudrois que chacun commençât par l'état de son pays, comme le plus nécessaire et le plus facile à connoître; ensuite qu'il s'étendît aux pays étrangers les plus proches, et avec lesquels il a le plus de relation. En lui montrant comment les choses sont en effet, je lui montrerois comment elles devroient être, non pas encore, suivant les opinions des philosophes et le pur raisonnement, mais suivant les lois de l'état même et ses anciens usages. Voilà ce que j'appelle *Droit public*. Les règles suivant lesquelles chaque état est gouverné, les droits du souverain et des officiers dont il se sert, les droits des états et des souverains à l'égard les uns des autres; cette étude est plus de positive que de raisonnement, et elle enferme beaucoup d'histoires qui peuvent la rendre agréable.

La politique consiste plus en raisonnement, et doit remonter plus haut dans la recherche des principes. Elle ne regarde pas seulement comment la France ou l'Allemagne doivent être gouvernées, suivant la forme particulière de leur état et les lois qui s'y trouvent établies; elle considère en général ce que c'est que la société civile, quelle forme d'état est la meilleure, quelles sont les meilleures lois et les meilleurs moyens de maintenir le repos et l'union entre les hommes. Ces considérations générales sont fort utiles pour donner à l'esprit de l'élévation et de l'étendue, pourvu que l'on en fasse l'application sur les exemples particuliers, et que l'on ne se contente pas des exemples anciens d'Athènes ou de Lacédémone, mais que l'on en prenne de modernes qui nous touchent et nous instruisent mieux. L'avis qui me paroît le plus important en cette matière, est de faire connoître de bonne heure à un jeune prince ou à quelque enfant que ce soit, la différence de la vraie et de la fausse politique. Qu'il ait horreur de celle qui n'a pour but que de rendre puissant le prince, ou le corps qui gouverne, aux dépens de tout le reste du peuple; qui met toute la vertu du souverain à maintenir et à augmenter sa puissance, laissant aux particuliers la justice, la fidélité et l'humanité; qu'il ne fasse pas grand cas des artifices par lesquels on affoiblit ses voisins, en leur suscitant des ennemis, ou en excitant chez eux de la division, ni de l'adresse à tromper ses propres sujets, en leur faisant croire l'état plus puissant qu'il n'est. Pour éviter tous ces inconvéniens, il faut laisser la plupart des politiques modernes, et surtout Machiavel et l'Anglois Hobbes. Revenons à Platon et à Aristote, dont la politique est fondée sur des principes solides de morale et de vertu. Elle a pour but, non pas d'élever un certain homme, ou un certain genre de personnes au-dessus des autres, mais de faire vivre les hommes en société le plus heureusement qu'il est possible; de procurer à tous les particuliers la sûreté, la possession paisible de leurs biens, la santé du corps, la liberté d'esprit, la droiture du cœur, la justice. Pour donner de si grands biens à toute une société, ces philosophes ont cru qu'il étoit juste que quelques-uns eussent la peine de veiller continuellement sur elle, de pourvoir à tous ses besoins, de la défendre des attaques du dehors, de maintenir la tranquillité au dedans. Voilà, si je ne me trompe, les principes de la véritable politique. Mais pour la voir dans sa pureté, il faut remonter plus haut que Platon et Aristote; il faut l'apprendre de Moïse, de David, de Salomon, des prophètes et des apôtres, ou plutôt de Dieu même, dont ils n'ont été que les interprètes. Ils nous diront que tous les hommes sont frères; que les premiers états n'ont été que de grandes familles; que chacun doit aimer la terre où Dieu l'a fait naître, et la société où il l'a mis; qu'il est juste qu'un particulier donne sa vie pour le salut public; que c'est Dieu qui a établi des hommes pour gouverner les autres; que la personne du prince est sacrée; qu'il est établi pour défendre le peuple et lui rendre la justice; qu'il ne peut s'acquitter de son devoir si Dieu ne lui donne la sagesse, et une infinité d'autres maximes semblables dont on pourroit composer un corps entier de politique tiré de l'Écriture sainte. Je n'en ai peut-être que trop dit sur une matière dont peu de disciples ont besoin et que peu de maîtres sont capables d'enseigner. [1]

---

[1] Ici encore, Fleury paroît rester loin de notre temps; ne le plaignons pas. La politique que nous étudions aujourd'hui paroîtra sans doute à bien des gens, plus complète que celle dont il indique quelques règles; mais à une époque de sagesse et de raison, on pouvoit bien n'avoir aucune idée des principes d'indépendance et de changement, que nous prenons pour de la liberté.

CHAPITRE XXIX.

Langues, Latin, etc.

Outre les études nécessaires, il y en a de fort utiles à tous ceux qui sont d'une condition honnête, mais dont on peut se passer absolument. Premièrement le latin; car je n'ai point supposé que les études dont j'ai parlé en dépendissent : et ce que j'ai dit du secours que l'on tire des auteurs anciens pour l'Économique et la Jurisprudence, se doit entendre pour ceux qui apprendront d'ailleurs le latin ou même le grec, ou qui liront les traductions. Or, quoique le latin ne soit pas né-

---

Celui qui se contentera des simples notions qu'indique Fleury, aura plus fait pour son instruction que celui qui va puiser dans l'histoire de nos passions des idées incertaines, des doctrines sceptiques et des passions cruelles.

L.

cessaire, il est très-utile pour la religion, pour les affaires et pour les études. Puisque l'Église romaine n'a pas jugé à propos de changer la langue de ses prières et de ses offices, non plus que l'Église grecque et les autres orientales, il seroit à souhaiter que tous les chrétiens pussent entendre cette langue; et tous ceux qui ont la commodité de l'apprendre ne la doivent pas négliger. joint la satisfaction qu'il y a de pouvoir lire les écrits de tant de pères latins et d'entendre cette version de l'Écriture dont l'église a autorisé l'usage. Pour les affaires, la plupart des termes que l'on emploie pour en parler sont latins, et empruntés du Droit romain, dont il est impossible de bien parler en une autre langue, comme on voit par les livres de droit des Grecs modernes. Enfin, pour toutes les études, on est tellement accoutumé à se servir de cette langue, qu'elle est devenue la langue commune des gens de lettres par toute l'Europe, que la plupart des auteurs modernes l'ont employée, et qu'elle sert à entendre tous les anciens.

J'ai déjà parlé de la manière de l'apprendre, et j'ai conseillé de compter bien plus sur l'usage que sur les préceptes. J'ajouterai qu'il faut être fort soigneux de faire observer au disciple le génie de chaque langue, et l'accoutumer à ne rendre jamais le latin que par de bon françois, ni le françois que par de bon latin. Il faut lui montrer que l'on ne peut pas toujours rendre un mot par un mot de même espèce, verbe pour verbe, nom pour nom, ni même toujours un mot par un mot, parce que souvent un mot d'une langue exprime une phrase entière de l'autre. Les hommes ont bien plus de pensées qu'ils n'ont inventé de sons différens pour les exprimer; ainsi il n'y a point de langue où on ne demeure court en quelque endroit. Ce n'est donc pas traduire parfaitement, que de tourner seulement les mots, s'ils ont une construction barbare dans la langue où on les rend. Il est vrai que cette manière de traduire est la plus sûre pour la fidélité, et qu'elle donne au lecteur le plaisir de voir dans la traduction le génie de la langue originale. Telle est la fameuse version des Septante : elle représente l'original mot pour mot, et rend toujours les mêmes mots hébreux par les mêmes mots grecs : on ne peut traduire avec plus d'exactitude et de religion. Le respect du texte sacré faisoit craindre d'en altérer le sens par le moindre changement. Mais ordinairement, pour bien traduire, il faut rendre la même pensée, et, autant qu'il se peut, la même figure et la même force d'expression, selon le naturel d'une autre langue : et quand l'écolier s'en écarte, il faut lui faire sentir le défaut de sa traduction. Direz-vous, par exemple, en vous plaignant d'un ingrat : J'ai remporté peu de grâces de mon bienfait envers lui ? Vous diriez plutôt : Il a mal reconnu l'obligation qu'il m'avoit. Le latin a cela de particulier pour nous, que, comme notre langue en vient, nous croyons que les mots signifient ceux dont ils viennent, quoique souvent il n'en soit pas ainsi. *Table* vient de *tabula*, qui signifie planche; *Chambre* vient de *camera*, qui signifie une voûte; *fortis* signifie vaillant, et *valens* signifie fort.

Il faut encore se guérir de l'erreur,

que l'on puisse apprendre parfaitement le latin, ni aucune autre langue morte. Nous ne pouvons savoir que ce qui est écrit, et nous ne pouvons pas même entendre tout ce qui est écrit. Combien y a-t-il de mots dans Caton et dans les autres auteurs des choses rustiques que personne n'entend plus? et combien y a-t-il de ces sortes de choses vulgaires et triviales, qui n'ont jamais été écrites en latin? Dans les discours même que nous croyons entendre le mieux, il y a des finesses que nous ne pouvons reconnoître, comme celles que remarque Aulu-gelle, en certains endroits de Cicéron et de Virgile. Que s'il est presque impossible d'apprendre dans la dernière perfection, même les langues vivantes qui ne nous sont pas naturelles, que peut-on espérer de celles qui ne subsistent plus que dans les livres? Mais ce qui nous doit consoler, c'est qu'il seroit inutile de les savoir mieux. Nous n'avons besoin du latin que pour entendre les livres, ou pour nous faire entendre

---

[1] *Gell. lib.* 1, c, 7, 13, c. 19.

aux étrangers. A l'égard des livres nous ne pouvons entendre que ce qui est écrit; et pour nous faire entendre aux étrangers, il faut parler le latin à peu près comme eux. Je ne voudrois pas toutefois imiter les Allemands et les Polonois qui emploient sans scrupule le latin le plus grossier, pourvu qu'ils le parlent facilement. Mais j'éviterois encore avec plus de soin l'affectation de plusieurs savants, qui, à force de parler latin trop finement, sont difficiles à entendre : j'aimerois mieux parler plus mal et être entendu. Je voudrois donc proportionner mon style à la portée du commun des gens de lettres, sans le négliger, ensorte qu'il fût barbare, ni le travailler tellement qu'il fût obscur.[1] Je voudrois surtout observer le caractère des ouvrages, et ne pas mêler dans un écrit de théologie, ou de quelque autre matière sérieuse, des quolibets ou des proverbes que Plaute fait dire à ses esclaves, ni dans une lettre familière, des phrases poétiques ou de grandes figures

---

[1] *Gall. lib.* I, c. 10.

tirées des Philippiques de Cicéron. Ces avis sont nécessaires, puisque la vanité des savans modernes les a fait donner dans tous ces inconvénients. Souvent aussi il leur arrive de mêler des mots grecs dans leur latin : en quoi il me semble qu'ils ne se font guères d'honneur, puisque c'est avouer tacitement qu'ils ne savent pas exprimer en latin ce qu'ils disent en grec : car ce n'est pas pas bien savoir une langue, que de ne savoir pas dire tout ce que l'on veut, du moins en prenant un peu de détour ; et c'est insulter à ceux qui ne savent pas le Grec, que de couper ainsi le discours par des mots qui leur en font perdre la suite. Que si j'étois forcé de mêler à un discours latin ou françois quelque mot grec ou hébreu ou d'une autre langue, je l'écrirois toujours en lettres latines, pour n'embarrasser personne.

CHAPITRE XXX.

Histoire.

La seconde de ces études utiles est l'histoire. Mais comme il est difficile qu'un seul homme lise tout ce que nous en avons de tous les temps et de tous les pays; et qu'il n'est pas à propos que beaucoup de gens s'occupent entièrement à cette lecture : il faut du choix et de l'ordre autant ou plus qu'en aucune autre étude. Celui qui se contente, comme l'on fait souvent, de lire au hasard le premier livre d'Histoire qui lui tombe entre les mains, se met en danger de charger sa mémoire de beaucoup de fables, ou de ne rien retenir faute d'entendre ce qu'il lit. On doit donc donner aux jeunes gens des principes pour discerner les histoires qui leur seront utiles, et pour les lire utilement. Mais pour bien faire, il faut avoir posé les fondements de cette étude dès l'enfance. Car quoique la nouveauté soit un grand charme dans l'Histoire, rien n'est plus incommode que d'y trouver tout nouveau, et n'y rien voir de notre connoissance ; pas un lieu, pas un homme. L'Histoire de la Chine est pleine de grands événements et d'exemples de vertus rares ; cependant parce que nous n'avons jamais ouï parler d'Hiao, ni de Chim-tan-you, et que la géographie même la plus récente de ce grand pays ne nous est pas familière, cette histoire nous est d'abord très-désagréable. La mémoire travaille continuellement ; quand nous trouvons un nom propre, nous ne savons si nous l'avons déjà vu ou non : on se souvient de l'avoir vu, mais on a oublié qui il est ; on prend un royaume pour un homme, un homme pour une femme ; on ne voit point l'intérêt que l'on avoit d'aimer ou de haïr l'autre. Enfin l'esprit est tiré tout à la fois par tant de nouveautés différentes, qu'il est dans une peine continuelle. Au contraire, quand un homme qui a quelque étude lit Hérodote ou Tite-Live, il se reconnoît partout ; les plus grands objets lui sont tous familiers.

Toute sa vie il a ouï parler de Cyrus et de Crésus, de Rome et de Carthage. Mais il voit un grand détail qu'il ne savoit point; et c'est cette nouveauté qui lui donne du plaisir : parce qu'il sait où rapporter tout ce qu'il apprend, et qu'il ne travaille point pour entendre ou pour retenir les principales choses. La peine est bien plus grande pour ceux qui n'ont point de lettres : aussi se plaignent-ils la plupart de leur mémoire. Ils devroient plutôt se plaindre de leur mauvaise éducation, qui fait que l'histoire grecque ou la romaine leur est presque aussi inconnue, que celle des Chinois ou des Musulmans, à ceux qui ont fait les études ordinaires. Encore y a-t-il une différence bien grande. Il y a peu de gens parmi nous qui n'aient ouï parler d'Alexandre, de César, de Charlemagne; mais qui connoît Almamon ou Gengis-Kan, si ce n'est quelque peu de curieux ?

On ne peut donc commencer trop tôt à donner aux enfants les principes de l'Histoire. En même temps qu'on leur contera les faits qui servent de fondement aux instructions de la religion, il faut leur conter aussi ceux que l'on trouvera dans l'Histoire, les plus grands, les plus éclatants, les plus agréables et les plus faciles à retenir. Il faut choisir entre les autres ceux qui peuvent frapper l'imagination : la louve de Romulus, la mort de Lucrèce, la prise de Rome par les Gaulois; le triomphe de Pompée, ou celui de Paul Emile; la mort de César. Et si l'on peut leur faire voir des médailles, des statues ou des estampes, les images en seront bien plus vives, et s'imprimeront bien plus avant dans la mémoire. C'est sans doute le plus grand usage de la peinture et de la sculpture; et c'étoit un grand avantage aux anciens Grecs de pouvoir apprendre leur histoire, même sans savoir lire, en se promenant dans leurs villes. Car, de quelque côté qu'ils se tournassent, ils trouvoient ou des bas-reliefs ou des peintures excellentes, dans les temples et les galeries publiques[1], qui représentoient des batailles et d'autres événements fameux ; ou des statues d'hommes illustres, dont

---

[1] *Pausanias passim.*

les visages étoient ressemblants, et dont l'habit et la posture marquoient le sujet qui les avoit fait ériger. Dans la campagne même on voyoit des trophées, des tombeaux, des pyramides, qui étoient autant de monuments historiques.

Il faut avoir grand soin de dire aux enfants quantité de noms propres d'hommes et de lieux, afin qu'ils leur soient familiers de bonne heure et qu'ils excitent leur curiosité. Je voudrois surtout leur nommer ceux qui font plus grande figure dans l'histoire du monde: Sésostris, Ninus, Nabuchodonosor, Cyrus, Hercule, Achille, Homère, Lycurgue, et les Romains à proportion. Mais je voudrois y joindre les noms de l'Histoire moderne, dont toutefois on parle beaucoup moins aux enfants: Guillaume le conquérant, Godefroi de Bouillon, Sanche le grand, roi de Navarre, et tous les autres qui ont été les plus illustres depuis six cents ans. Je ne voudrois pas même omettre les Orientaux, et je voudrois qu'un enfant eût ouï parler des califes de Bagdad et du Caire, de la plus grande puissance des Turcs Seljouquides, et de celle des Mogols : leurs noms ne lui paroîtroient point si barbares dans la suite, s'il y étoit accoutumé de bonne heure. On se serviroit des cartes de géographie pour les noms des lieux qu'il faudroit aussi leur apprendre, selon tous les temps et toutes les langues, autant que l'on pourroit. Je ne voudrois, dans le commencement de ces instructions, m'attacher à aucun ordre de dates ni de chronologie, mais suivre l'occasion de la curiosité des enfants, pour leur dire tous ces noms et tous ces faits.

La matière de l'Histoire étant ainsi préparée, je commencerois à l'arranger lorsque mon disciple auroit dix ou douze ans. Je lui ferois observer les époques dont on s'est servi pour compter les temps : les Olympiades et la fondation de Rome, Alexandre, l'Incarnation, l'hégire des Mahométans. Mais je ne voudrois point l'embarrasser d'une chronologie exacte, ni l'obliger à retenir des dates toutes simples qui demandent un grand effort de mémoire. Je me garderois donc bien de lui parler de la Période Julienne ; et je ne me servirois pas même des années de la création du monde. Il est très-difficile, pour ne pas dire impossible, de les fixer : et elles ne sont pas de grand usage, puisque jusques au temps de Rome et des Olympiades, (car c'est à peu près le même), il n'y a guères que l'histoire sainte. Je me contenterois qu'il en sût bien la suite, selon les époques ordinaires, du déluge, d'Abraham, de Moïse, de Salomon ; sans se trop mettre en peine de la somme totale des années, qui ne se peut tirer sans de grandes difficultés. Je lui ferois rapporter à ces personnes et à ces événements, qui nous sont plus connus, le peu d'histoire profane qu'il y a dans ces temps-là : Danaüs et Cecrops à Moïse, Cadmus à Josué, Homère au prophète Elie : laissant le soin de supputer les années du monde à ceux qui ont le loisir et la curiosité d'étudier plus à fond la chronologie.

De plus, je lui répéterois souvent certaines observations générales qui rendent l'étude de l'Histoire plus courte, plus facile et plus utile. Vous devez savoir, lui dirois-je, que nous n'avons pas des histoires de tous les temps, non plus que de tous les pays. Il y a toujours eu une infinité de nations ignorantes; et de celles qui ont écrit, il y en a peu dont nous connoissions les livres. Toutes les histoires des anciens Orientaux, des Égyptiens, des Syriens, des Chaldéens et des Perses, toutes ont péri; et la plus ancienne qui nous reste, hors celle du peuple de Dieu, est l'histoire d'Hérodote, qui n'a écrit qu'environ deux mille ans après le déluge, et douze cents ans après Moïse. Nous n'avons, jusques au temps de Jésus-Christ, que les livres des Grecs et des Romains, qui ne contiennent guères d'histoires certaines et dignes de foi, plus anciennes que la fondation de Rome. Après Jésus-Christ, pendant près de cinq cents ans, vous n'avez qu'une seule histoire à suivre, qui est la Romaine. Mais depuis la ruine de l'empire d'Occident, l'Espagne, la France, l'Italie et l'Angleterre font chacune leur histoire particulière; à quoi il faut ajouter celles d'Allemagne, de Hongrie, de Pologne, de

Suède et de Danemarck, à mesure qu'elles commencent. On peut néanmoins rapporter toutes ces histoires à celle de France, parce que l'empire de Charlemagne embrassoit la plupart de ces pays; et dans les autres, il étoit tellement respecté, que les peuples tenoient à honneur d'imiter les mœurs de ses sujets : d'où vient que les Levantins comprennent sous le nom de *France* toutes les nations que j'ai marquées.

Voilà toute la suite de l'histoire qui nous est la plus connue; si ce n'est que l'on y veuille ajouter l'histoire byzantine que nous avons depuis deux siècles. Pour celle des Musulmans, qui comprend tout ce qui s'est passé depuis mille ans dans l'Égypte, la Syrie, la Perse, l'Afrique et tous les autres pays où la religion de Mahomet s'est étendue, nous l'avons ignorée jusques à présent. Ce n'est pas, comme l'on croit communément, que les Mahométans n'aient point écrit, ou que leurs livres soient perdus; il y en a de leur histoire seule de quoi faire une bibliothèque entière; mais ils ne sont ni imprimés ni traduits, hors deux ou trois qui courent entre les mains des curieux. Nous savons encore que les Chinois ont une très-longue suite d'histoire, dont on nous a donné un échantillon en latin depuis environ trente ans. Nous savons que les Indiens ont des traditions très-anciennes écrites en une langue particulière. On sait quelque chose du Mexique et des Incas, mais qui ne remonte pas loin; et on a depuis deux cents ans une infinité de relations de divers voyages. C'est tout ce que je connois d'histoires. On voit combien c'est peu en comparaison de toute l'étendue de la terre, et de toute la suite des siècles; mais il y en a encore trop pour un seul homme, et c'est particulièrement en cette étude qu'il faut choisir et se borner.

Premièrement, il faut savoir à quoi s'en tenir dans les commencements de chaque histoire, pour ne pas donner dans la fable, en voulant remonter trop haut. La règle la plus sûre, est de tenir pour suspect tout ce qui précède le temps où chaque nation a reçu l'usage des lettres. De plus, il faut observer soigneusement la qualité et le temps des historiens. On peut dire en général, qu'il n'y a d'histoires dignes de foi que celles des contemporains, ou de ceux qui ont écrit sur des contemporains dont les livres peuvent être venus jusques à eux, par une tradition suivie. Mais quand il y a de l'interruption dans une histoire, et de grands vides obscurs, tout ce qui les précède doit être suspect. Je me contenterois de cet ordre, et de ces règles générales pour l'histoire universelle; et je renfermerois mon disciple, pour savoir quelque détail, dans l'histoire particulière de son pays. Encore cette étude doit-elle être fort diversement étendue ou resserrée selon la qualité des personnes. Un homme de condition médiocre a besoin de fort peu d'histoire : celui qui peut avoir quelque part aux affaires publiques en doit savoir beaucoup plus, et un prince n'en peut trop savoir. L'histoire de son pays lui fait voir ses affaires, et comme les titres de sa maison; et celles des pays étrangers les plus proches lui apprend les affaires de ses voisins, qui sont toujours mêlées avec les siennes. Toutefois, comme il a beaucoup d'autres choses à savoir, et que la capacité de l'esprit humain est bornée, il faut qu'il étudie principalement l'histoire de son pays et de sa maison, et qu'il sache plus en détail ce qui est le plus proche de son temps. Je voudrois à proportion que chaque seigneur sût bien l'histoire de sa famille, et que chaque particulier sût mieux celle de sa province et de sa ville, que du reste. Le livre de la Genèse est un parfait modèle du choix que chacun doit faire dans l'étude de l'Histoire. Moïse y a renfermé tous les faits qu'il étoit utile aux Israélites de savoir, s'étendant principalement sur les plus importants : comme la création, le péché du premier homme, le déluge et l'histoire des patriarches, à qui Dieu avoit fait des promesses qu'il alloit exécuter[1]. Il ne laisse pas d'y marquer l'origine de toutes les nations, et de s'étendre plus ou moins sur leur histoire, selon qu'elles avoient plus ou moins de rapport au peuple pour qui il écrivoit. Que si l'on

[1] *Gen.* x.

veut un abrégé qui ne serve qu'à rafraîchir la mémoire, on en a l'exemple dans le premier chapitre des Paralipomènes, où les seuls noms, mis de suite, rappellent toute l'histoire de la Genèse. Il est toutefois à souhaiter, quoiqu'il ne soit pas nécessaire, que tous ceux qui en ont le loisir lisent les principaux historiens grecs et romains; il y a à profiter et pour la morale et pour l'éloquence. Car en y apportant le correctif que j'ai marqué, les exemples des plus grandes actions et de la bonne conduite des anciens peuvent être fort utiles; et la manière d'écrire des historiens peut nous servir beaucoup et pour la méthode et pour le style, si nous savons les imiter. Ainsi il vaudra bien autant s'exercer à la langue latine, en lisant des historiens, que d'autres auteurs, puisqu'on ne la peut apprendre sans lire beaucoup.

CHAPITRE XXXI.

Histoire naturelle.

Après l'histoire des mœurs et des actions des hommes, l'étude la plus utile, ce me semble, est l'histoire naturelle. Je comprends sous ce nom toutes les connoissances positives et fondées sur l'expérience, qui regardent la construction de l'univers et de toutes ses parties, autant qu'en a besoin un homme qui ne doit être ni astronome, ni médecin, ni physicien de profession. Car encore ne faut-il pas ignorer tout-à-fait ce que c'est que ce monde où nous habitons, ces plantes et ces animaux qui nous nourrissent; ce que nous sommes nous-mêmes. Je sais bien que la connoissance de nous-mêmes est la plus nécessaire de toutes. Mais c'est la connoissance de l'âme que je rapporte à la logique et à la morale. Pour le corps, comme nous le gouvernons bien moins par la connoissance que par une volonté aveugle, qui est suivie des mouvements qui dépendent de nous, sans que nous connoissions les ressorts et les machines qui en sont les causes prochaines, la connoissance particulière de sa structure ne nous sert guères que pour en admirer l'auteur, qui n'est pas moins admirable dans les autres animaux et dans les autres parties de la nature. Il est vrai que nous devons être plus touchés de ce que nous trouvons en nous-mêmes. D'ailleurs la connoissance de notre corps est fort utile pour entendre les passions, leurs causes et leurs remèdes, qui est une grande partie de la morale; et pour discerner ce qui est propre à conserver la santé de ce qui lui est contraire, qui est une des études que j'ai marquées entre les plus nécessaires.

Cette histoire naturelle, ou physique positive, comprendroit donc la Cosmographie et l'Anatomie. Par la *Cosmographie*, j'entends le système du monde, la disposition des astres, leurs distances, leurs grandeurs, leurs mouvements, suivant les dernières observations des astronomes les plus exacts, s'en rapportant à eux comme à des experts dignes de foi, sans examiner leurs preuves. J'y comprends aussi les météores, non pour en chercher les causes, mais seulement pour connoître les faits : la description de la terre, non pas tant de sa surface, qui regarde la géographie, et se rapporte à l'histoire morale, que de sa profondeur, et des différents corps qu'elle contient. Il semble d'abord que ces connoissances ne soient que de pure curiosité ; mais elles sont en effet fort utiles pour élever l'esprit et lui donner de l'étendue, fournir des idées justes de la sagesse infinie et de la toute-puissance de Dieu, de notre foiblesse et de la petitesse de toutes les choses humaines. Sous le nom d'*Anatomie*, je comprends celle des plantes aussi bien que celle des animaux ; et sans se répandre dans la curiosité, qui n'a point de bornes, je voudrois que mon disciple connût bien les animaux de son pays, les plus fameux des pays étrangers, et les plantes les plus d'usage : qu'il sût distinguer les principales parties d'une plante et d'un animal ; qu'il vît comment tous ces corps vivants se nourrissent et se conservent ; mais particulièrement qu'il vît la structure admirable des ressorts qui font mouvoir les animaux ; je dis ce que l'on en touche au doigt, c'est-à-dire les os et les muscles. On pourroit, suivant son loisir et son génie, pousser cette étude jusques à la connoissance des arts, qui emploient des machines fort ingénieuses, ou qui produisent des changements considérables dans les corps naturels, comme la chimie, la fonte des métaux, la verrerie, la pelleterie, la teinture, etc.

CHAPITRE XXXII.

Géométrie.

Je mets encore la géométrie au nombre des études les plus utiles à tout le monde : les Grecs en jugeoient ainsi et la faisoient apprendre à tous les enfants. En effet, elle ne contient pas seulement les principes de plusieurs arts très-utiles, comme les mécaniques, l'arpentage, la trigonométrie, la gnomonique, l'architecture toute entière, et particulièrement la fortification de si grand usage aujourd'hui, mais elle forme l'esprit en général, et fortifie extrêmement la raison ; elle accoutume à ne se pas contenter des apparences, à chercher des preuves solides, à ne se point arrêter tant que l'on peut douter avec la moindre vraisemblance, et à discerner ainsi les raisons convaincantes et démonstratives, d'avec les simples probabilités : elle seroit dangereuse toutefois, si elle n'étoit précédée de la logique, telle que je l'ai marquée entre les études nécessaires ; car c'est de cette logique qu'il faut prendre les grandes règles de l'évidence, de la certitude et de la démonstration, pour ne pas croire qu'il n'y ait que des choses sensibles et imaginables, comme sont les objets de la géométrie que nous connoissons clairement ; qu'il n'y ait des raisonnements certains que touchant le rapport des angles et des lignes, ou les proportions des nombres, et qu'il faille chercher en toutes matières la même espèce de certitude; mais quand on aura fondé ces distinctions et ces règles générales par une bonne logique, la géométrie fournira un grand exercice de définir, de diviser et de raisonner.

CHAPITRE XXXIII.

Rhétorique.

Sur la fin des études, comme depuis l'âge de quatorze ou quinze ans, ou plus tard encore, à proportion de l'esprit et du loisir de l'écolier, on pourroit lui faire connoître les règles les plus solides de la véritable éloquence; je ne propose pas cette étude comme nécessaire, parce que l'on peut, sans être éloquent, être homme de bien et même être habile jusqu'à un certain point, et que l'éloquence dépend pour le moins autant du naturel que de l'étude. Il faut toutefois avouer qu'elle est d'une grande utilité, et que c'est elle qui fait réussir, pour l'ordinaire, les affaires les plus grandes et les plus difficiles; car je n'entends pas ici par *Éloquence* ou *Rhétorique* ce que l'on entend d'ordinaire, abusant d'un nom que les pédants et les déclamateurs ont décrié; je n'entends pas, dis-je, ce qui fait faire ces harangues de cérémonie, et ces autres discours étudiés qui chatouillent l'oreille en passant, et ne font le plus souvent qu'ennuyer; j'entends l'art de persuader effectivement, soit que l'on parle en public ou en particulier; j'entends ce qui fait qu'un avocat gagne plus de causes qu'un autre; qu'un prédicateur, humainement parlant, fait plus de conversions; qu'un magistrat est le plus fort dans les délibérations de sa compagnie; qu'un négociateur fait un traité avantageux pour son prince; qu'un ministre domine dans les conseils; en un mot, ce qui fait qu'un homme se rend maître des esprits par la parole : je sais bien que souvent ceux qui réussissent dans les plus grandes affaires, ont plus de talent naturel et d'expérience que d'étude; mais je ne doute point qu'elle ne leur fût très-utile; ils n'en auroient pas moins ce beau naturel et ce grand usage, et ils auroient de plus quelques règles un peu plus sûres, et les exemples des plus grands hommes de l'antiquité. Un prince ou un ministre d'état, qui auroit été assez bien élevé pour se familiariser dès sa jeunesse avec Cicéron, Démosthène et Thucydide, auroit un grand plaisir à les relire en âge mûr, et en tireroit un grand profit; mais ces auteurs demeurent inutiles et méprisés pour l'ordinaire, faute de lecteurs proportionnés: on les fait lire à des enfants qui n'entendroient pas même en françois des discours semblables, faute d'expérience des choses de la vie, et d'attention aux affaires sérieuses; ou si des hommes les lisent, ce sont des savants de profession, des régens, des prêtres, des religieux éloignés du commerce du monde, et remplis d'idées toutes différentes de celles qui occupoient ces auteurs. Cicéron et Démosthène étoient des hommes nourris dans le monde et dans les affaires. Ils s'élevèrent par leur mérite beaucoup au-dessus de leur naissance, qui toutefois étoit honnête, selon les mœurs de leur nation, et ils arrivèrent à la plus grande puissance que l'on pût avoir dans leurs républiques. Cicéron fut consul, c'est-à-dire que pendant une année il fut à la tête d'un empire aussi grand que douze royaumes, comme ceux que nous voyons en Europe. Il gouverna une province, il commanda des troupes, il étoit égal en dignité à César et à Pompée ; des rois lui faisoient la cour ; cependant, parce qu'on a lu ces auteurs dans les classes, et souvent avec dégoût, il en reste souvent une idée désagréable ; parce que l'on voit qu'ils plaidoient des causes, on les prend pour des avocats comme les nôtres, et on ne considère pas que César plaidoit aussi, et pouvoit disputer de l'éloquence avec Cicéron[1]. Auguste, étant le maître de Rome, plaida aussi quelques causes particulières. D'ailleurs on voit quantité de gens qui les étudient toute leur vie sans en devenir

---

[1] *Suet. in Jul.* 55.

plus propres au monde et aux affaires, et on ne prend pas garde qu'ils n'y cherchent que le langage ou les figures de rhétorique, pour les copier souvent mal à propos, et qu'ils n'y cherchent rien moins que la manière de traiter les grandes affaires.

Plus l'écolier saura de choses et aura le raisonnement formé, plus il sera capable de cette étude d'éloquence, car elle ne fait que donner la forme au discours ; il faut que le bon sens et l'expérience en fournissent la matière : j'attendrois donc qu'un jeune homme eût des pensées et pût dire quelque chose de lui-même, pour lui montrer la manière de le dire ; je ne laisserois pas de jeter de loin les fondements de cet art : premièrement, j'en établirois la morale, et je lui ferois entendre, aussitôt qu'il en seroit capable, que l'éloquence est une bonne qualité, n'étant que la perfection de la parole ; que comme la parole nous est donnée pour dire la vérité, l'éloquence nous est donnée pour faire valoir la vérité et l'empêcher d'être étouffée par les mauvais artifices de ceux qui la combattent, ou par la mauvaise disposition de ceux qui l'écoutent; que c'est abuser de l'éloquence que de la faire servir à ses intérêts et à ses passions, quoique Cicéron[1] et la plupart des orateurs en aient usé de la sorte; que son usage légitime est de persuader aux hommes ce qui leur est véritablement bon, et principalement ce qui peut les rendre meilleurs, leur peignant vivement l'horreur du vice et la beauté de la vertu, comme ont fait les prophètes et les pères de l'Église; voilà ce que j'appelle *la morale de l'éloquence.*[2]

L'art consiste à savoir bien parler et bien écrire, en toutes les rencontres de la vie, non-seulement dans les actions publiques, comme ces harangues qui ne se font que pour satisfaire à certaines formalités, mais dans les délibérations, dans les affaires ordinaires, dans les simples conversations : savoir faire une relation, écrire une lettre; tout cela est matière d'éloquence à proportion du sujet. Pour en montrer le secret, je voudrois principa-

---

[1] *Gorg.*
[2] *August. Doctrin. Christ. l.* 3, c. 2, 5, *etc.*

lement employer les exemples et l'exercice. Les exemples se prendroient dans Cicéron, ou même dans Démosthène, selon les langues que le disciple sauroit. S'il ne savoit point de latin, on pourroit se servir des traductions de Cicéron, ou de quelque bon livre moderne, comme les lettres du cardinal d'Ossat, qui sont pleines d'éloquence solide, par où l'on réussit dans les affaires. Ces exemples serviroient à donner aux préceptes, du corps et de l'agrément. Car des préceptes tous seuls, donnés en général, seront toujours secs et stériles; et, comme dit Saint-Augustin[1], un beau naturel acquerra plutôt l'éloquence, en lisant ou en écoutant des discours éloquents, qu'en étudiant des préceptes de l'éloquence. On pourra profiter de toutes sortes de lectures, on trouvera partout des exemples de ce qu'il faut suivre ou de ce qu'il faut éviter; et cet exercice servira encore pour former le jugement du disciple. Car il faut l'accoutumer à juger de ce qu'il lit,

---

[1] 4 *Doct. Christ.* c. 2.

et à rendre raison pourquoi il le trouve bon ou mauvais. Ces raisons sont tout l'art de la rhétorique; il n'a été formé que sur les exemples, en observant ce qui persuadoit et ce qui nuisoit à la persuasion [1], et s'en faisant des règles, afin de ne le pas faire seulement par hasard ou par habitude. Non-seulement la lecture, mais les conversations et les discours les plus communs de la vie sont de bonnes leçons d'éloquence. Ces exemples vivants et familiers serviront plus à la rendre solide et effective, que les livres et tout ce qui sent l'école. Il est donc important d'apprendre à un jeune homme à en profiter, et de lui faire étudier sur le naturel tout l'art du discours. Faites-lui remarquer les adresses que les gens les plus grossiers emploient pour faire valoir leurs intérêts; avec quelle force les passions font parler, et quelle variété de figures elles fournissent; enfin, comment la voix, le geste, tout l'extérieur est proportionné au mouvement de celui qui parle. Ces exemples

---

[1] *Arist.* 1, *rhetor. init.*

sont plus forts dans les personnes exercées aux affaires que dans les autres; à la ville, qu'à la campagne; à la cour, qu'à la ville; et les figures sont plus vives dans les femmes que dans les hommes.

L'autre moyen pour apprendre cet art, qui est l'exercice, doit consister non seulement à écrire, mais à parler. Je voudrois que cet exercice se fît toujours en françois, quelque bien que l'écolier sût le latin. C'est assez qu'il soit occupé à bien parler, sans l'appliquer encore à une langue qui ne lui est pas naturelle. Il est à craindre qu'il ne force ses pensées, faute de les savoir exprimer assez juste, ou pour ne pas perdre quelque belle période de Cicéron : s'il traite un sujet antique, il transcrira peut-être, sans les entendre, des phrases des auteurs qu'il aura lus; et si le sujet est moderne, il sera embarrassé d'en parler en latin : car étant accoutumé à ne parler qu'à des Grecs ou à des Romains, il sera tout déconcerté quand il faudra parler à des hommes portant des chapeaux et des perruques, et traiter des intérêts de la France et de l'Allemagne, où il n'y a ni tribune aux harangues, ni comices, ni consuls. Qu'il écrive donc en sa langue, premièrement des narrations, des lettres, et d'autres pièces faciles. Qu'il fasse ensuite quelque éloge d'un grand homme, quelque lieu commun de morale, mais solide, sans galimatias, ni pensées fausses; qu'il exprime sérieusement ses véritables sentiments. Enfin, quand il sera plus avancé, qu'il écrive des discours entiers, comme des délibérations sur les histoires qu'il aura lues, et sur les sujets qu'il saura le mieux, afin qu'il tire autant qu'il pourra toutes ses preuves des circonstances de l'affaire, évitant les discours vagues et généraux. Ces compositions écrites accoutument les jeunes gens à s'appliquer, à fixer leurs pensées, à choisir les meilleures et les arranger; à faire des périodes, et y observer le tour et la mesure qui contentent l'oreille; en un mot, à parler exactement. L'exercice de parler les accoutumera à parler aisément de suite, sans chercher, sans hésiter ni se reprendre; à être hardis et attentifs. Or, par cet exercice de parler, je n'entends pas tant ce que l'on appelle *Déclamation*, qui n'est d'usage tout au plus que pour ceux qui doivent un jour parler en public, que des discours familiers, suivis et soutenus, comme sont ceux des gens qui parlent bien d'affaires, ou qui content bien une histoire en conversation: voilà ce que j'appelle *Rhétorique*.

CHAPITRE XXXIV.

Poétique.

Que si votre disciple a un génie extraordinaire, vous pouvez le pousser jusques à la poésie, qui n'est en effet qu'une éloquence plus sublime. Je ne crois pas que l'on en doive enseigner l'art à beaucoup de gens, puisqu'il est bien plus important qu'il n'y ait point de méchants poètes, qu'il n'est nécessaire qu'il y ait des poètes; et il est inutile de l'enseigner à des enfants, puisque, pour y réussir, toute la force de l'esprit est nécessaire. Car il ne faut pas prendre la versification pour la poésie, ni croire que la poésie ne soit qu'un jeu, nous réglant sur les exemples modernes. Pour en voir le véritable caractère, il faut remonter jusques à Sophocles et à Homère. On verra une poésie très-sérieuse et très-agréable tout ensemble; propre à former le jugement pour la conduite de la vie, et pleine des instructions les plus nécessaires à ceux pour qui elle étoit faite; c'est-à-dire de leur religion et de l'histoire de leur pays. On verra la même chose dans Pindare et dans tous les autres poètes grecs. Les Latins n'ont fait que les imiter. Il est vrai qu'Homère et Pindare, qui ont si bien entendu cet art, l'ont employé à fomenter l'idolâtrie, et à se faire passer, par une imposture criminelle, pour des hommes inspirés et des prophètes, sans parler de l'imperfection de leur morale : de sorte que pour trouver une poésie pure, établie sur un fondement solide, où l'on puisse goûter en sûreté le plaisir que peut donner le langage des hommes, il faut remonter jusques aux cantiques de Moïse, de David, et des autres vrais prophètes. C'est là qu'il faut prendre la véritable idée de la poésie. Elle consiste, ce me semble, à rendre agréables et touchantes les vérités les plus nécessaires pour former la conduite des hommes, et les rendre heureux, et à employer pour une fin si noble tout ce que l'esprit humain a de plus fort, de plus sublime, de plus brillant, tout ce que la parole a de plus expressif et de plus propre, tout ce que le son de la voix a de plus harmonieux et de plus passionné. Ce n'est donc pas un jeu d'enfants, et c'est abuser misérablement de ces beaux talents, quand Dieu nous les donne, que de ne les employer qu'à des sujets mauvais ou inutiles. On devroit plutôt travailler à réconcilier le bel esprit avec le bon sens, et avec la vertu.

Il ne faudroit pas beaucoup de préceptes de poétique à un homme qui sauroit ceux de l'éloquence: il n'y auroit guères que des exceptions à donner, en marquant jusques où la poésie s'élève, et ce qu'elle retranche des discours ordinaires. Le plus nécessaire seroit de montrer les différents caractères de ses ouvrages. Ce que c'est qu'une *Ode*, qu'une *Hymne*, une *Élégie*, une *Églogue*, et ainsi des autres, les réglant sur les modèles des anciens, principalement des Grecs, et faisant voir comment nous les pouvons imiter. Pour les règles de la versification, c'est une affaire de peu de leçons; et l'exercice seul en donne la facilité. Je ne parle point ici des vers latins; si l'on en fait, ce sera comme un exercice de grammaire, pour apprendre la quantité, et pour avoir plus de mots à choisir en composant; et je ne sais si ce profit vaut la peine que donnent les vers latins. Mais ceux qui veulent prétendre à la poésie, doivent s'y exercer en leur langue, et écrire pour leur nation. Au reste, je ne voudrois pas dire que la poétique fût une connoissance inutile à tous ceux qui ne sont pas nés poètes, ou qui ne veulent pas exercer ce talent; il est bon que la plupart des honnêtes gens sachent juger de la poésie par les véritables principes; et pour cela qu'ils connoissent les caractères des ouvrages, et les exemples des anciens. Mais je ne puis me résoudre à mettre cette étude entre les études les plus utiles dont j'ai parlé jusqu'ici. Je la mets seulement au rang des curiosités louables, dont je vais faire le dénombrement.

CHAPITRE XXXV.

Études curieuses.

Je compterai donc pour la première de ces curiosités la poétique en théorie, et la lecture des poètes anciens. Ce n'est pas que quand on les entend bien il n'y ait à profiter, particulièrement des Grecs; mais pour les lire avec plaisir, il faut savoir si bien leur langue, leur mythologie et leurs mœurs, que l'utilité ou le plaisir qui en revient, ne me semble pas digne de ce travail : vu le grand nombre de connoissances qui nous sont plus nécessaires. A la poétique, je joins la musique, je ne dis pas seulement l'exercice de chanter, et les règles pour conduire la voix, mais l'art et les principes de ces règles. J'y joins aussi la peinture, le dessin, et tous les arts qui en dépendent. Je compte encore pour études curieuses toutes les mathématiques qui vont au-delà des éléments d'arithmétique et de géométrie; j'y comprends la perspective et l'optique, l'astronomie et la théorie des planètes, la chronologie exacte, la recherche des antiquités, comme des médailles et des inscriptions, la lecture des voyages, l'étude des langues; car, hors le latin, le reste se peut mettre au rang des curiosités.

Ce n'est pas que le grec ne soit fort utile à tous ceux qui veulent bien savoir les humanités, et principalement aux ecclésiastiques. L'italien et l'espagnol ont tant de rapport au françois, que, pour peu que nous ayons de génie pour les langues, nous ne devons pas les négliger. Pour les autres langues étrangères, comme l'anglois et l'allemand, il n'y a que l'utilité particulière qui puisse en compenser la difficulté. Mais la curiosité la plus dangereuse en ce genre, est celle des langues orientales. Elle flatte la vanité, par la singularité et le prodige, outre qu'elle marque une profonde érudition, parce que l'on n'apprend d'ordinaire ces langues qu'après celles qui sont plus communes. Mais, après tout, l'utilité n'en est pas assez grande pour le temps et la peine qu'il en coûte. Comme les peuples entiers profitent du courage et de la curiosité de quelque peu de voyageurs qui ont découvert les pays les plus éloignés, et du travail des marchands qui y trafiquent tous les jours, ainsi il suffit qu'il y ait un petit nombre de curieux qui, par leurs traductions et leurs extraits, nous fassent connoître les livres des Arabes, des Persans et des autres Orientaux. La curiosité va plus loin que l'étendue de la mémoire, ou même de la vie; et entre les curieux mêmes, il est à souhaiter que chacun se borne à une langue, pour la bien savoir, ou tout au plus à deux ou trois qui aient grande liaison ensemble, plutôt que d'en connoître un grand nombre imparfaitement.

J'excepte la langue hébraïque, pour le

respect de l'Écriture sainte, qu'il est difficile de bien entendre sans en avoir quelque teinture; et j'estime utile à l'Eglise, qu'il y ait toujours plusieurs ecclésiastiques qui la sachent, quand ce ne seroit que pour imposer silence aux hérétiques qui veulent s'en prévaloir, et pour travailler à la conversion des Juifs, dans les pays où il y en a. Mais hors la nécessité de cette controverse, je ne voudrois pas m'amuser à lire beaucoup de rabbins : il y a plus à perdre qu'à gagner à cette étude. Ne nous laissons pas tromper par la vanité de savoir ce que tous les autres ignorent : voyons à quoi il sert effectivement. S'il y avoit quelque chose d'utile dans les rabbins, ce seroit les faits et les traditions des anciennes coutumes de leur nation; mais ils sont la plupart si modernes, qu'il est bien difficile de croire qu'ils aient conservé ces traditions. Il n'y en a guères de plus anciens que de cinq cents ans; ainsi quand il n'y auroit que mille ans que le Talmud seroit écrit, il y a toujours plus de cinq cents ans, ou il faut que ces traditions se soient conservées, sans écrire, ce qui n'est guères vraisemblable. Le temps et le style de leurs livres semble montrer qu'ils n'ont écrit que par émulation des Mahométans. Cependant, si quelque particulier avoit assez d'inclination à cette sorte d'étude pour s'y donner tout entier, je voudrois qu'il s'attachât au Talmud, où l'on trouvera sans doute leurs traditions les plus anciennes et les plus utiles pour connoître les mœurs des Juifs, principalement depuis le retour de la captivité, jusques à l'entière dispersion sous les Romains. Mais ce travail est trop pénible et trop ingrat pour y exciter beaucoup de gens.

Une autre étude curieuse, qui peut avoir de grandes utilités, est la théorie des arts et des manufactures différentes. Je mets en ce même rang la connoissance des plantes, non-seulement de celles qui sont d'usage, mais de tout ce qui en a été dit, et ainsi des animaux et de toute l'histoire naturelle à proportion; les expériences de chimie ou des autres arts, qui ont fait découvrir de nouveaux secrets; les différents systèmes que les philosophes ont inventés pour expliquer les effets de la nature; c'est-à-dire, en un mot, toute l'étendue de la physique. J'appelle tout cela *curiosités* : il vaut mieux s'y occuper que de demeurer oisif, ou s'abandonner au jeu ou à quelque chose de pis; mais il faut bien se garder de se livrer tellement aux curiosités, que l'on quitte les devoirs essentiels de la vie, que l'on néglige les affaires et les études plus utiles, quoique moins agréables, et que l'on se prive de l'exercice du corps qui entretient la santé, ou du divertissement nécessaire pour relâcher l'esprit, et le mettre en état de s'appliquer aux choses utiles. C'est cette passion de curiosité qui nuit le plus aux gens de lettres, quoique d'ailleurs elle serve souvent pour mener bien loin certaines connoissances. Mais il suffit pour cela de quelques particuliers qui s'y laissent emporter.

CHAPITRE XXXVI.

Études inutiles.

Je fais grande différence entre ces curiosités louables et bonnes d'elles-mêmes, et les études mauvaises ou tout-à-fait inutiles. J'aime mieux que l'on se repose, que de chercher la pierre philosophale ; j'aime mieux que l'on ne sache rien, que de savoir le grand ou le petit art de Raimond Lulle qui ne fait rien savoir en effet, et fait que l'on croit tout savoir, parce que l'on sait des alphabets et des tables, où l'on arrange, sous certains mots et sous certaines figures, des notions si générales que personne ne les ignore, même sans étude, mais aussi qui ne conduisent à rien. Je mets à peu près en ce rang tout ce qui trompe sous le nom de *philosophie* ; la physique qui ne fait point connoître la nature, comme celle des commentateurs d'Aristote, grecs et arabes, et la métaphysique qui ne sert point à éclairer l'esprit et à fonder les grands principes des sciences. Aussi ces sortes de livres sont si secs et si ennuyeux, qu'il n'y a que la mode qui puisse les faire valoir : on ne lit plus guère *Albert-le-Grand*, ni *Scot*, ni cette foule d'anciens scolastiques, ou, si on en lit quelque chose, c'est pour la théologie, car pour la philosophie, on ne s'avise plus de l'y chercher.

L'astrologie judiciaire est encore plus méprisable que la mauvaise philosophie, puisqu'elle a moins d'apparence de raison ; et elle est bien plus dangereuse, puisqu'elle a pour but de connoître l'avenir, et qu'elle porte ceux qui y croient à régler leur conduite sur ses lumières trompeuses, malgré les défenses expresses de la loi de Dieu[1], qui condamne en général toute sorte de divination, et en particulier la crainte des signes du ciel. Cependant il n'y a que trop de gens qui s'en laissent enchanter ; et peut-être la défense y contribue-t-elle. Car ce ne sont pas les esprits les mieux

---

[1] *Deut.* xviii, 11. *Jer.* x, 2.

faits, ni les plus gens de bien qui s'y amusent. Il est vrai qu'elle n'est pas criminelle, quand on la réduit à prédire les changements des saisons, et tout ce qui dépend du mouvement de la matière; mais en cela même elle est fausse et impertinente, puisqu'elle raisonne sur des principes établis à fantaisie, et qui n'ont aucun fondement sur la raison ou sur l'expérience, ni aucune liaison avec les conséquences que l'on en tire. Telle est encore la chiromancie, qui s'arrête aux lignes du dedans des mains ; et je ne sais pourquoi on n'a pas aussi raisonné sur celle des pieds, si ce n'est parce qu'il n'est pas si commode d'y regarder.

Ce sont des restes des anciennes superstitions : car toute la divination des payens étoit de cette nature. Ils observoient les divers mouvements de la flamme allumée sur un autel, ce qu'ils nommoient *pyromancie* [1] ; ils regardoient la conformation et l'arrangement des entrailles de leurs victimes, et c'étoit l'art des aruspices ; les

---

[1] *Soph. OEdip Tyr.*

augures observoient le vol des oiseaux, leur chant, leur manière de manger : d'autres devins observoient les prodiges, soit que la nature en produisît effectivement, soit qu'ils fissent valoir ce qui n'étoit pas fort extraordinaire, car la superstition faisoit prendre garde à tout; si l'on avoit rencontré un chien noir, si on avoit trouvé un serpent, si l'on s'étoit chaussé de travers, et mille autres accidents semblables, à quoi nous aurions peine à croire que l'on se fût arrêté, si les livres des anciens n'en faisoient foi [1], et si nous n'en voyions encore des restes parmi nous. Il y en avoit qui expliquoient les songes; d'autres qui distinguoient les jours heureux et malheureux. Une infinité de gens vivoient de ce métier de deviner, il y en avoit une infinité de livres; c'étoit une étude très longue et très difficile. Car comme elle n'étoit fondée que sur l'opinion des hommes, et sur des prétendues expériences, elle ne pouvoit avoir rien de

---

[1] *Theophr. Charact. superst. Terenc. Phorm. act.* 4, *sc.* 4.

certain. Cet art de divination se soutenoit, comme le reste de l'idolâtrie, par le respect de l'antiquité, car il étoit très-ancien dans le monde. Les Romains et les Grecs l'avoient appris des Égyptiens, des Chaldéens et des autres Orientaux, et la religion l'autorisoit. Le christianisme l'avoit entièrement décrié; mais les Mahométans et les Juifs ont recueilli avec grand soin ce qui en restoit, et dans les livres et dans la mémoire des hommes : ils y sont fort adonnés encore aujourd'hui, et les Indiens idolâtres encore plus. Entre les nations chrétiennes, celles qui ont le plus de croyance à ces impostures, sont celles qui cultivent le moins les bonnes lettres ; car rien n'est plus propre à en désabuser que l'étude de la physique et de la vraie astronomie.

Il faut encore compter entre les études pernicieuses tout ce qui s'appelle *magie*, même naturelle, et que l'on fait consister dans des sympathies et des rapports entre certains nombres, certaines figures et certains corps naturels ; entre les astres et les métaux ou les plantes, ou les parties du corps humain; en un mot, toutes les rêveries de la cabale. Je tiens aussi qu'il est indigne d'un honnête homme d'apprendre à jouer des gobelets, ou à faire de ces tours d'adresse qui font admirer les charlatans. Pour les bien faire, il faut y être fort exercé, et le plaisir que l'on en tire ne peut jamais valoir le temps que l'on y met. J'en dirois volontiers autant de tous les jeux sédentaires, qui demandent une telle application, qu'après y avoir joué quelque temps, la tête en est fatiguée; car ce sont d'étranges divertissements que ceux après lesquels on a besoin de se divertir. La gloire de bien jouer aux échecs ne vaut pas, ce me semble, cette application, qui, étant bien employée, pourroit nous acquérir des connoissances solides; et si ceux qui ont de l'esprit et du loisir donnoient à quelque espèce d'étude, selon leur goût, une partie de ce grand temps qu'il faut donner aux jeux pour les savoir en perfection, il leur en resteroit plus d'utilité et peut-être ne laisseroient-ils pas d'avoir du plaisir. Les anciens Grecs et les anciens Romains ne laissoient pas de vivre agréablement, jouant beaucoup moins et donnant beaucoup plus à la conversation et à la lecture. Mais la coutume l'emporte, et l'on joue plus par intérêt que par plaisir.

CHAPITRE XXXVII.

Ordre des études selon les âges.

Après avoir parcouru toutes les études où l'on peut s'appliquer pendant la jeunesse, avant d'être déterminé à une profession, je crois nécessaire de marquer à quel âge je voudrois les placer, et comment on pourroit ménager tout le temps, depuis la plus tendre enfance jusqu'au temps d'entrer dans le monde et dans les affaires. Premièrement, il doit y avoir toujours plusieurs études qui règnent en même temps. Je l'ai marqué en divers endroits de ce discours, comme quand j'ai dit que la morale, la logique, l'histoire, l'économique, devoient commencer sitôt qu'un enfant est capable d'entendre ce qu'on lui dit : quoiqu'il faille, selon les âges, y garder des méthodes bien différentes. J'ai parlé de même, à proportion, de la grammaire, de l'arithmétique, de la jurisprudence et de la rhétorique, et il faut l'entendre des autres études et des exercices du corps qui doivent se faire aussi en même temps. Que si quelqu'un s'en étonne, je le prie de considérer que les enfants agissent en même temps par l'ame et par le corps, et par les diverses facultés de l'ame que l'on cultive par ces différentes études. Ils exercent tout ensemble la volonté, la raison, la mémoire, l'imagination. Si on sépare les études, il est à craindre que les mœurs ne se corrompent, tandis que l'on ne cultivera que sa mémoire; et que pendant que l'on s'occupe au langage, le raisonnement ne s'égare. Il sera trop tard d'y revenir quand les mauvaises habitudes seront formées. D'ailleurs, la variété plaît, surtout en cet âge : les enfants étudient plus volontiers, deux heures durant, quatre matières différentes, qu'une seule pendant une heure; une étude sert de divertissement à l'autre; et plus elles sont diverses, moins il est à craindre qu'elles se confondent.

Pour venir à la distinction des âges, et marquer plus nettement ce que j'ai voulu dire jusques ici, je voudrois que l'on commençât à prendre soin d'un enfant dès qu'il commence à entendre et à parler, ce que je fixe à trois ans. Jusques à six je le laisserois se divertir et s'amuser librement, lui présentant, autant qu'il seroit possible, des objets utiles pour son instruction, lui contant des histoires, répondant à ses questions et parlant devant lui, comme sans dessein, de ce qui peut lui être utile, de sorte qu'il pût l'entendre. Je ne voudrois, jusques à cet âge, l'obliger à rien dire, ni lui rien faire apprendre par cœur, sinon le *Credo*, le *Pater*, et quelques autres prières. Un père et une mère soigneux de leur devoir, aidés par des domestiques sages et affectionnés, peuvent donner ces premières instructions. A six ans on pourroit leur donner un maître et commencer à exiger doucement quelque chose de plus réglé; redire chaque jour quelque histoire, particulièrement celles qui regardent la religion; apprendre le catéchisme pour fixer la doctrine dont on les entretiendroit plus au long; lire, écrire. Cependant il faudroit continuer avec plus de soin ce que l'on auroit commencé; leur raconter grand nombre de faits, leur nommer beaucoup de personnes illustres, leur faire voir des portraits et des cartes géographiques; leur expliquer, aux occasions, ce qui regarde le ménage, l'agriculture et les arts. C'est pendant ces premières années qu'il faut particulièrement s'appliquer à mener les enfants par le plaisir. Depuis neuf ou dix ans on peut les assujettir davantage, et user de plus de sévérité, s'il est besoin. C'est aussi le temps de faire des études plus pénibles, comme la grammaire et les compositions en françois, les langues, selon la profession où l'on peut prévoir que l'enfant s'adonnera; le latin, le grec, l'allemand. Il est bon de les commencer dans cet âge, depuit huit ou neuf ans jusqu'à douze. C'est aussi le temps d'apprendre les pratiques d'arithmétique et de géométrie les plus simples, d'arranger l'histoire par la chronologie et par la géographie.

Il seroit temps à douze ans de travailler à former le jugement, et à conduire la raison par la logique, accoutumant à bien diviser et à bien définir, et à faire des réflexions sur ses pensées. C'est aussi le temps d'apprendre les démonstrations de la géométrie, et des autres parties de mathématiques que l'écolier doit savoir. D'ailleurs, il faut le faire beaucoup lire, et l'exercer à juger des auteurs, et il faut commencer alors, ou plus tôt, s'il se peut, à expliquer les termes et les principales maximes de la Jurisprudence. A quinze ans, si vous n'êtes pressé, il sera assez tôt d'enseigner la rhétorique, quoique vous puissiez dès auparavant éprouver le génie de votre disciple par diverses petites compositions, en l'exerçant à la grammaire, et lui faisant rédiger les histoires qu'il doit le mieux savoir; elles lui formeront toujours le style. C'est aussi dans ces dernières années des études, qu'il doit apprendre plus exactement ce qu'il n'aura fait encore qu'ébaucher, comme la jurisprudence et la politique, s'il est de condition à s'en servir, et la morale qu'il lui faut faire approfondir, s'il est possible, jusques aux premiers principes. On peut encore réserver à cette fin des études celles qui tiennent plus de la curiosité, comme la poésie, la physique, l'astronomie, afin d'y donner plus ou moins selon le loisir et l'inclination. Voilà l'ordre de ménager les études selon les âges, qui me semble le plus commode : je sais bien qu'il est impossible d'en prescrire un qui convienne à tous les enfants, et qu'il peut y avoir de très grandes différences par la diversité des esprits qui s'avancent plus ou moins; des conditions qui donnent plus ou moins de loisir, et demandent plus ou moins d'études; enfin, de la santé et des rencontres de la vie : mais j'ai cru qu'il ne seroit pas inutile d'en tracer grossièrement un plan, sur lequel on pût prendre ses mesures à peu près.

CHAPITRE XXXVIII.

Études des femmes.

Il est encore nécessaire de m'expliquer sur les études des filles, dont j'ai touché quelque chose en divers endroits. Ce sera sans doute un grand paradoxe, qu'elles doivent apprendre autre chose que leur catéchisme, la couture et divers petits ouvrages ; chanter, danser, et s'habiller à la mode, faire bien la révérence, et parler civilement, car voilà en quoi l'on fait consister, pour l'ordinaire, toute leur éducation. Il est vrai qu'elles n'ont pas besoin de la plupart des connoissances que l'on comprend aujourd'hui sous le nom d'*Études :* ni le latin, ni le grec, ni la rhétorique, ou la philosophie des colléges ne sont point à leur usage; et si quelques-unes, plus curieuses que les autres, ont voulu les apprendre, la plupart n'en ont tiré que de la vanité, qui les a rendues odieuses aux autres femmes, et méprisables aux hommes. De là cependant on a conclu, comme d'une expérience assurée, que les femmes n'étoient point capables d'études, comme si leurs ames étoient d'une autre espèce que celles des hommes, comme si elles n'avoient pas, aussi bien que nous, une raison à conduire, une volonté à régler, des passions à combattre, une santé à conserver, des biens à gouverner, ou s'il leur étoit plus facile qu'à nous de satisfaire à tous ces devoirs, sans rien apprendre. Il est vrai que les femmes ont pour l'ordinaire moins d'application, moins de patience, pour raisonner de suite, moins de courage et de fermeté que les hommes, et que la constitution de leur corps y fait quelque chose, quoique sans doute la mauvaise éducation y fasse plus; mais en récompense, elles ont plus de vivacité d'esprit et de pénétration, plus de douceur et de modestie; et si elles ne sont pas destinées à de si grands emplois que les hommes, elles ont d'ailleurs beaucoup plus de loisir, qui dégénère en une grande corruption de mœurs, s'il n'est assaisonné de quelque étude. Au reste, nous avons une raison particulière en France de souhaiter que les femmes soient éclairées et raisonnables, c'est le crédit et la considération qu'elles ont dans le monde; ce qui fait que plusieurs hommes des plus polis raisonnent peu, et parlent avec peu de suite, qu'ils tournent les études en raillerie, et font profession d'ignorance, c'est qu'ils se sont formés dans la conversation des femmes, et en conservent l'esprit; au contraire, chez les anciens, où l'on honoreroit les lettres et le raisonnement, les femmes étoient plus savantes, et toutefois moins considérées.

Pour voir les études qui peuvent être à l'usage des femmes, je crois que le plus sûr est de parcourir toutes celles que j'ai expliquées. Premièrement, elles ne doivent ni ignorer la religion, ni y être trop savantes : comme elles sont pour l'ordinaire portées à la dévotion, si elles ne sont bien instruites, elles deviennent aisément superstitieuses. Il est donc très important qu'elles connoissent de bonne heure la religion aussi solide, aussi grande, aussi sérieuse qu'elle l'est : mais si elles sont savantes, il est à craindre qu'elles ne veuillent dogmatiser, et qu'elles ne donnent dans les nouvelles opinions, s'il s'en trouve de leur temps. Il faut donc se contenter de leur apprendre les dogmes communs, sans entrer dans la théologie, et travailler surtout à la morale, leur inspirant les vertus qui leur conviennent le plus, comme la douceur et la modestie, la soumission, l'amour de la retraite, l'humilité, et celles dont leur tempérament les éloigne le plus, comme la force, la fermeté, la patience. Pour l'esprit, il faut les exercer de bonne heure à penser de suite, et à raisonner solidement sur les sujets ordinaires qui peuvent être à leur usage; leur apprenant le plus essentiel de la logique, sans les charger de grands mots qui puissent donner matière à la vanité. Pour le corps, il n'y a guères d'exercices qui leur conviennent, que de marcher; mais tous les préceptes de santé que j'ai marqués leur conviennent, et ce sont elles qui en ont le plus besoin, puisqu'elles sont les plus sujettes à se flatter en cette matière et à se faire honneur de leurs maladies et de leurs foiblesses. La santé et la vigueur des femmes est importante à tout le monde, puisqu'elles sont les mères des garçons, aussi bien que des filles. Il est bon aussi qu'elles sachent les remèdes les plus faciles des maux ordinaires; car elles sont fort propres à les préparer dans les maisons, et à prendre soin des malades. La grammaire ne consistera pour elles qu'à lire et écrire, et composer correctement en françois une lettre, un mémoire, ou quelque autre pièce à leur usage. L'arithmétique pratique leur suffit, mais elle ne leur est pas moins nécessaire qu'aux hommes, et elles ont encore plus besoin de l'économique, puisqu'elles sont destinées à s'y appliquer davantage, au moins à entrer plus dans le détail. Aussi a-t-on assez de soin de les instruire du ménage; mais il seroit à souhaiter qu'il y entrât un peu plus de raison et de réflexion, pour remédier à deux maux très communs, la petitesse d'esprit et l'avarice dans les femmes ménagères, et d'un autre côté la fainéantise et le dédain, dans celles qui prétendent au bel esprit. Il serviroit beaucoup de leur faire comprendre de bonne heure que la plus digne occupation d'une femme est le soin de tout le dedans d'une maison, pourvu qu'elle ne fasse pas trop de cas de ce qui ne va qu'à l'intérêt, et qu'elle sache mettre chaque chose en son rang.

Quoique les affaires du dehors regardent principalement les hommes, il est impossible que les femmes n'y aient souvent part, et quelquefois elles s'en trouvent entièrement chargées, comme quand elles sont veuves. Il est donc encore nécessaire de leur apprendre la jurisprudence, telle que je l'ai marquée pour tout le monde, c'est-à-dire qu'elles entendent les termes communs des affaires, et qu'elles sachent les grandes maximes; en un mot, qu'elles soient capables de prendre conseil; et cette instruction est d'autant plus nécessaire en France, que les femmes ne sont point en tutelle, et peuvent avoir de grands biens, dont elles soient les maîtresses absolues. Elles se peuvent passer de tout le reste des études, du latin et des autres langues, de l'histoire, des mathématiques, de la poésie, et de toutes les autres curiosités. Elles ne sont point destinées aux emplois qui rendent ces études nécessaires ou utiles, et plusieurs en tireroient de la vanité. Il vaudroit mieux toutefois qu'elles y employassent les heures de leur loisir qu'à lire des romans, à médire, jouer, ou parler de leurs jupes et de leurs rubans.

CHAPITRE XXXIX.

Études des Ecclésiastiques.

Je pense avoir suffisamment traité et expliqué toutes les études que l'on doit faire en jeunesse, et qui conviennent à toutes sortes de personnes de l'un et de l'autre sexe; maintenant il faut parler de celles qui sont particulières à ceux de diverses professions; rapportant tout aux trois principales, l'église, l'épée et la robe.

Un ecclésiastique est destiné à instruire les autres de la religion, et à leur persuader la vertu. Il doit donc savoir trois choses, les mystèrse de la foi, la morale, la manière de les enseigner. Outre le latin, qui lui est absolument nécessaire, il est bon qu'il sache le grec, pour entendre les Pères et les Conciles ; il lui sera même fort avantageux d'entendre l'hébreu, s'il le peut, sans y perdre trop de temps, car sa principale étude doit être l'Écriture sainte. Qu'il commence à la lire dès l'enfance, c'est-à-dire dès qu'il sera en état de l'entendre assez pour y prendre plaisir, et qu'il continue cette lecture si assidument pendant toute sa vie, que tout le texte sacré lui soit extrêmement familier, et qu'il n'y ait aucun endroit qu'il ne reconnoisse aussitôt. Quand il l'apprendroit tout par cœur, il ne feroit que ce qui étoit assez commun dans les premiers temps de l'Église, même entre les laïques.

Cette lecture assidue de l'Écriture servira d'un bon commentaire, pourvu que vous n'y cherchiez d'abord que le sens littéral, qui s'offrira naturellement à l'esprit, sans vous arrêter aux difficultés. Vous y trouverez toujours assez de vérités claires pour votre édification et pour celle des autres. Après avoir lu attentivement toute la sainte Écriture de suite sans rien passer, quand vous viendrez à la relire, une bonne partie de vos difficultés s'évanouiront; elles diminueront encore à la troisième lecture; et plus vous la lirez, plus vous y verrez clair, pourvu que vous la lisiez avec respect et soumission, considérant que c'est Dieu même qui vous parle. Le *Catéchisme historique* pourra faciliter la lecture de l'Écriture sainte à ceux qui commencent, pour discerner les endroits les plus importants, et qui doivent le plus être médités. Le *Traité des Mœurs des Israélites* est comme un commentaire général, qui lève plusieurs difficultés littérales. Pour les sens spirituels de l'Écriture, il faut les rechercher sobrement : s'arrêtant premièrement à ceux qui sont marqués dans l'Écriture même, et ensuite à ceux que nous apprenons par la tradition, je veux dire par les témoignages des pères les plus uniformes et les plus anciens.

Un ecclésiastique doit éviter les deux extrémités, d'étudier trop ou trop peu. Il y en a plusieurs qui croient n'avoir plus rien à faire après l'office et la messe, si ce n'est qu'ils aient un bénéfice à charge d'ames ; encore s'en croient-ils quittes, en satisfaisant aux devoirs les plus pressants. Mais nous ne devons point être en repos, tant qu'il y aura des ignorants à instruire, et des pécheurs a convertir. Ceux donc qui n'ont pas de grands talents naturels, ni de grandes commodités pour étudier, qui manquent de livres et de maîtres, comme à la campagne et dans les provinces éloignées, doivent s'appliquer à bien savoir les choses essentielles et communes : faire le catéchisme, qui n'est pas une fonction si facile que plusieurs pensent, et qui est la plus importante de toutes, puisque c'est le fondement de la religion ; faire des prônes et des exhortations familières, proportionnées à la capacité des auditeurs ; ouïr des confessions et donner des avis salutaires. Un prêtre vertueux et zélé peut s'acquitter de tout cela sans autre lecture que de l'Écriture sainte, du Catéchisme du Concile de Trente, des Instructions de son Rituel, de quelques Sermons de saint Augustin, ou de quelque autre livre moral des Pères, qui lui tombera entre les mains. Voilà ce que l'on peut appeler *le nécessaire*, en matière d'études ecclésiastiques.

Ceux qui ont du loisir, et qui se trouvent au milieu des livres et des commodités d'étudier, doivent être en garde contre la curiosité. Le meilleur préservatif, ce me semble, est de ne pas donner de temps à la théologie scolastique, et de considérer de bonne heure toute l'étendue de notre profession, et toutes les connoissances qu'elle demande. Un ecclésiastique habile doit être capable de prouver la religion aux libertins et aux infidèles, et par conséquent il doit savoir très bien la logique et la métaphysique, telles que je les ai représentées, afin de montrer par des raisonnements solides comment tout homme de bon sens doit se rendre à l'autorité de l'Eglise. Il doit aussi pouvoir défendre la religion contre les hérétiques, et, pour cet effet, savoir les preuves positives de chaque article de notre créance, tirées de l'Ecriture, des Conciles ou des Pères. Il faut qu'il sache l'histoire ecclésiastique; qu'il sache le droit canonique; je ne dis pas seulement la pratique bénéficiale pour être habile chicaneur, et un dévolutaire redoutable, ni ce qu'il y a de curieux dans les anciens canons, pour montrer de l'érudition en les citant hors de propos; mais qu'il connoisse les véritables règles de la discipline ecclésiastique, sur quoi est fondé ce qui se pratique, et comment ce qui ne se pratique plus s'est aboli. Qu'il connoisse la morale chrétienne dans toute son étendue; qu'il ne se renferme pas à savoir les décisions des casuistes modernes, sur ce qui est péché, et sur ce qui ne l'est pas; qu'il voie comment les anciens en ont jugé; et qu'il voie aussi la méthode qu'ils ont enseignée, pour avancer dans la vertu, et pour conduire les ames à la perfection. C'est ce qu'il trouvera dans Cassien et dans les règles monastiques. On doit faire grand cas de ces ouvrages, qui sont le fruit des expériences de tant de saints. Enfin, il faut qu'il sache les cérémonies de l'office public, et de l'administration des sacremens, et la pratique de toutes les fonctions ecclésiastiques : mais cette étude consiste moins dans la lecture des livres que dans l'observation de la tradition vivante. Quand on a une fois les grands principes que donne la lecture de l'Écriture et des Pères, on s'instruit beaucoup en voyant travailler les autres, et en travaillant avec eux.

Comme un ecclésiastique est destiné à instruire les autres, ce n'est pas assez qu'il sache tout ce que j'ai dit : il doit savoir parler et persuader. Il a donc besoin de cette forte dialectique et de cette éloquence solide dont j'ai parlé. Car, il ne faut pas s'y tromper, un homme sans talent n'est pas propre pour le ministère de l'Église. Un bon prêtre n'est pas seulement un homme qui prie Dieu, et mène une vie innocente; ce seroit tout au plus un bon moine. Il est prêtre pour assister les autres ; et comme on ne nomme *bon médecin* que celui qui guérit beaucoup de malades, on ne devroit nommer *bon prêtre* que celui qui convertit beaucoup de pécheurs. Je ne dis pas qu'il ne doive point y avoir des prêtres qui n'aient l'esprit brillant, la mémoire heureuse, la voix belle, et les autres qualités qui font ordinairement paroître les prédicateurs, mais je souhaiterois qu'il n'y en eût point qui n'eût le jugement solide et le raisonnement droit; et qui ne sût instruire et exhorter en public et en particulier, avec toute la douceur et toute la force que demande la diversité des sujets et des personnes : en un mot, qui n'eût quelque rayon de cette éloquence apostolique, dont nous voyons dans saint Paul le parfait modèle. Un ecclésiastique à qui tant de connoissances sont nécessaires, ne doit donc pas perdre le temps à des études profanes, ou à des curiosités inutiles. Il doit même user d'un grand choix dans les études de sa profession. Qu'il ne donne pas trop de temps à ces grands commentaires sur l'Écriture, dont la vue seule épouvante par la grosseur et la multitude des volumes, et fait désespérer de jamais entendre le texte; qu'il ne s'amuse pas à des spéculations inutiles, et à de vaines chicanes de scolastique ; qu'il ne se laisse pas emporter à la critique des faits et à la recherche trop curieuse des antiquités ecclésiastiques : car il a tous ces écueils à éviter, même dans les études qui lui conviennent. Il doit toujours se souvenir que la religion chrétienne n'est pas un art ou une science humaine, où il soit permis à chacun de chercher et d'inventer : qu'il ne s'agit que de recueillir et de conserver fidèlement la tradition de l'Église. Il doit méditer attentivement les règles que saint Paul donne à Timothée et à Tite[1], contre les questions curieuses, pour éviter les vaines disputes, et pour tout rapporter à la charité. Ainsi il s'attachera aux études les plus nécessaires et qui vont le plus à la pratique.

Car un ecclésiastique ne doit pas être un savant de profession, qui passe sa vie dans son cabinet à étudier ou à composer des livres ; il doit être homme d'action,

---

[1] 1. *Tim.* I, 3, VI, 3, 20. 2. *Tim.* II, 14, *etc. Tit.* I, 9, 10, *etc.* III, 9, 10.

et surtout homme d'oraison; ce sont les deux parties de la vie apostolique, la prière et le ministère de la parole[1]; il faut donc employer chaque jour un temps considérable à s'entretenir avec Dieu, pour se purifier des taches que l'on contracte dans l'action et dans le commerce des hommes, pour lui représenter nos besoins et ceux de toute l'Église; il faut donner au prochain tout le secours que nous lui devons, suivant le rang que nous tenons dans l'Église, et suivant les occasions particulières que la charité nous présente : l'étude doit être l'occupation de la jeunesse; et dans le reste de la vie, être seulement notre repos et notre divertissement, pour remplir utilement les intervalles de l'action. Quand vous serez fatigué par des visites de malades ou de pauvres, par l'administration des sacremens ou l'instruction; lorsque vous sentirez votre voix affoiblie, votre poitrine échauffée, vous trouverez une grande douceur à lire quelque bel endroit des pères ou de l'histoire

---

[1] *Act.* vi. 4.

ecclésiastique, à méditer tranquillement quelque grande vérité de l'Écriture, à écouter la conversation d'un ami savant et pieux : voilà les divertissements qui conviennent aux ecclésiastiques. Mais ce sont principalement ceux qui vivent à la campagne qui ont besoin du secours de la lecture.

CHAPITRE XL.

Études des gens d'épée.

Venons maintenant aux gens d'épée. Ce sont ceux qui étudient le moins pour l'ordinaire, et toutefois il y a deux raisons d'étudier qui leur sont singulières. Un homme qui est naturellement brave, fier et porté aux actions de vigueur, à qui sa naissance ou son emploi hausse encore le courage, qui a les armes à la main, et des hommes sous lui prêts à lui obéir aveuglément, cet homme est en état d'exécuter toutes sortes de violences; et s'il est méchant, ou seulement passionné et capricieux, il est insupportable à tous les autres; c'est un lion déchaîné, c'est un frénétique armé; il est donc bien important que ceux que leur inclination et leur profession mettent dans un état si dangereux, aient beaucoup de raison et de pouvoir sur eux-mêmes, afin de n'user de leur courage et de leurs forces que pour l'utilité publique et contre les ennemis de l'état[1]. Il vaudroit mieux que la maison ne fût point gardée, que d'avoir des chiens qui se jetassent sans distinction sur les domestiques aussitôt que sur les voleurs. L'autre raison est la grande oisiveté que la vie de la guerre attire pour l'ordinaire. On ne sait que faire en garnison, en quartier d'hiver, dans un séjour un peu long, pendant que l'on se fait panser d'une blessure: heureux alors celui qui a un livre et qui prend plaisir à lire! Au reste, je ne doute pas qu'il n'y eût beaucoup plus de gens d'épée qui aimassent l'étude, s'ils savoient

[1] *Platon. Repub.* 2.

ou s'ils considéroient qu'Alexandre et César étoient fort savans, et que l'ignorance, jointe à la valeur, n'a produit que des conquérants brutaux et des destructeurs du genre humain, comme les Turcs et les Tartares.

Voici les études qui me paroissent les plus propres aux gens d'épée : entre les langues, le latin, plus encore pour la commodité des voyages que pour la lecture; c'est pourquoi je voudrois qu'ils le sussent parler, sinon élégamment, du moins aisément. Cette seule langue peut conduire dans tout le Nord, et tient lieu de plusieurs autres. Il est toutefois très bon qu'ils sachent l'allemand, et le plus tôt qu'ils l'apprendront sera la meilleur. Quand ils sauront bien le latin, ils apprendront aisément l'italien et l'espagnol; ainsi, en quelque pays qu'ils soient nés, ils apprendront les langues voisines les plus nécessaires. Ils doivent savoir beaucoup d'histoires; l'antique, pour voir les exemples des grands capitaines grecs ou romains, et pour connoître le plus en détail qu'ils pourront cette discipline militaire et cet art de la guerre qui les avoit mis si fort au-dessus des autres hommes. L'histoire moderne leur fera connoître l'état présent des affaires et leur origine, le droit du prince qu'ils servent, et les intérêts des autres souverains. La géographie leur est aussi fort nécessaire; et pour les pays où ils font la guerre, ils ne peuvent les connoître trop en détail, ni descendre dans une topographie trop exacte. Quant aux mathématiques, ils ont principalement besoin de l'arithmétique, de la géométrie et de la mécanique; les sachant bien, ils apprendront aisément la pratique des fortifications, et tout ce que les livres et les maîtres ont accoutumé d'enseigner de l'art de la guerre; mais il y a une étude que ne font guères les gens d'épée, et qui toutefois me semble bien nécessaire, du moins à ceux qui ont quelque commandement : c'est la politique et la jurisprudence de la guerre, je veux dire qu'ils devroient savoir le droit de la guerre dans toute son étendue; quelles en sont les causes légitimes; quelles formalités se doivent garder pour la commencer; avec quelle mesure se doivent exercer les actes d'hostilité; quels lieux et quelles personnes en sont exempts; en un mot, tout ce qui regarde cette partie du droit public dont l'exécution leur est confiée; qu'ils fussent bien informés des ordonnances de leur prince, et des règlemens particuliers pour la subsistance et la discipline des troupes, et surtout qu'ils sussent bien les règles de ces jugemens si rigoureux qu'ils doivent exercer contre la désertion et les autres crimes militaires.

Le reste de l'art de la guerre, qui est le plus essentiel, ne se peut apprendre dans les livres ou par des leçons; il dépend de l'exercice du corps, de la conversation avec les gens expérimentés dans le métier, et du service effectif de celui qui veut s'instruire; mais s'il a été bien élevé, s'il est accoutumé de bonne heure à chercher le vrai et le solide en toutes choses, à faire réflexion sur tout ce qu'il voit, et questionner utilement toutes sortes de gens, il en saura plus en deux campagnes que les autres en dix. La guerre est un métier plus sérieux que ne se figurent les jeunes gens qui s'y engagent, et qui n'y cherchent bien souvent que le libertinage et le plaisir. Au reste, plus celui que l'on instruit est de grande naissance, plus ses connoissances doivent être étendues. Celui qui doit n'être qu'un simple officier, ou ne commander que des corps particuliers, doit savoir beaucoup plus du moindre détail et beaucoup moins des choses générales, que celui qui doit un jour gouverner des provinces ou commander des armées : et cette règle est commune à toutes les professions. Plus un homme est élevé haut, plus sa vue embrasse d'objets tout à la fois pour voir leur ordre en général, mais il est moins en état de connoître chaque objet exactement, qu'un autre homme qui en est proche, et qui n'en voit qu'un à la fois.

CHAPITRE XLI.

Études des gens de robe.

Les gens de robe ont véritablement besoin de plus de lettres que les gens d'épée, mais il ne doivent pas s'en trop charger ; ils sont destinés aux affaires, et ne doivent étudier que pour s'en rendre capables. Ils doivent donc éviter cet esprit d'étude opposé à l'esprit d'affaires, qui ne cherche que le plaisir de savoir ou la gloire d'en avoir la réputation. Ils doivent chercher le milieu entre le savoir scolastique des docteurs de lois et l'ignorance grossière des purs praticiens ; car ce sont, pour ainsi dire, deux nations toutes différentes. Les docteurs, pour l'ordinaire, se piquent de savoir fournir des antinomies et des solutions pour la réception d'un officier, ou pour quelqu'autre dispute; d'entendre les lois du Code et du Digeste, les plus fameuses par leurs difficultés, ou d'en donner une nouvelle explication, de restituer un passage, d'expliquer un mot difficile, de découvrir dans un auteur d'humanités quelque antiquité du droit, d'avoir réduit le droit en ordre par de nouvelles divisions, d'avoir trouvé quelque méthode singulière. Cependant ils ne s'appliquent pas assez à ce qui est d'usage en

France : on a remarqué que Cujas lui-même étoit fort ignorant des affaires. D'un autre côté, les praticiens ne savent que le détail de ce qui se pratique, sans remonter plus haut que les vingt ou trente ans que chacun d'eux a passés dans les affaires, et sans regarder plus loin que la juridiction où il travaille, sans savoir ni l'origine ni la raison de rien. Ils disent seulement : cela se fait et cela ne se fait point ; ne reconnoissant plus ce qui a changé de nom, ils ne savent ni assembler, ni diviser, ni arranger. En un mot, ils travaillent comme les artisans les plus grossiers, qui n'ont pour art que l'exemple de leur maître, et pour but que l'argent et le profit. C'est de cette ignorance barbare des praticiens qu'est venu le style des procédures, des contrats, des lettres royaux, des ordonnances mêmes et des coutumes, qui sont la plupart rédigées avec si peu de méthode et de clarté. Mais le plus grand mal qui en vient est la chicane et la confusion dans les affaires. Il faut donc que l'étude des gens de robe ait pour but de leur donner de grands principes des affaires les plus ordinaires, et de leur éclairer l'esprit, pour traiter avec ordre et avec netteté ces affaires si embarrassées naturellement et si obscures.

Ainsi les gens de robe ont grand besoin de logique pour savoir bien diviser et bien définir; non pas dans l'exactitude des mathématiciens, mais autant que l'utilité des affaires le demande. Ils ont besoin d'arithmétique, d'économique et d'une grande connoissance du détail de la vie, du ménage de la campagne, du commerce, de la banque, et de toutes les manières de subsister et de s'enrichir : car la plupart des affaires se décident plus par le fait que par le droit. C'est pourquoi il faut les accoutumer de bonne heure à être appliqués, patients et laborieux. Ils doivent surtout savoir la jurisprudence; elle renferme et les principes de l'équité naturelle, qu'il faut principalement chercher dans les livres du droit romain, et les règles positives de notre droit particulier, qu'ils trouveront dans les ordonnances et dans les coutumes. Il y a toutefois un grand nombre de maximes qu'ils n'apprendront que par l'usage. Qu'ils s'attachent surtout à la lecture des textes, soit du droit romain, soit de notre droit françois, puisqu'il n'y a que les textes qui soient des preuves solides dans les questions de droit ; mais qu'ils ne négligent pas la lecture des commentaires dans les questions qu'ils auront le loisir d'approfondir : ils y trouveront souvent de bonnes ouvertures, pourvu qu'ils sachent en user avec jugement. Comme la jurisprudence est l'étude la plus propre à leur profession, ils n'en doivent négliger aucune partie, jusqu'à n'ignorer, s'il est possible, aucun détail de procédure. Il est bon qu'ils sachent aussi l'histoire, par rapport à la jurisprudence, c'est-à-dire qu'ils observent les lois et les maximes diverses qui ont régné dans leur pays en divers temps. Ils doivent encore aller plus loin, s'ils sont juges et élevés aux grandes places ; il leur sied bien de remonter aux sources des lois et d'en examiner les raisons par les principes de la véritable morale et de la véritable politique. En un mot, quoiqu'ils ne soient chargés que de l'exécution des lois, il est bon qu'ils soient capables d'être législateurs. Enfin, l'éloquence est fort utile, non seulement aux avocats, mais aux juges et à tous ceux qui doivent parler d'affaires. J'entends cette éloquence solide que j'ai déjà marquée tant de fois. Voilà les études que j'estime les plus nécessaires et les plus utiles à tous les hommes en général, et à ceux de chaque profession en particulier.

FIN.

TABLE

DES MATIÈRES.

Notice sur le Traité des Études de l'Abbé
    Fleury.   Pag. j
Chapitre Ier Dessein de ce traité. 1
— II. Histoire des Études des Grecs. 9
— III. Études des Romains. 14
— IV. Études des Chrétiens. 25
— V. Études des Francs. 35
— VI. Études des Arabes. 42
— VII. Études scolastiques. 53
— VIII. Universités et leurs quatre Facultés. 63
— IX. Faculté des Arts. 65
— X. Physique ou Médecine. 81
— XI. Droit civil et canonique. 85
— XII. De la Théologie. 88
— XIII. Des mœurs des Étudians. 95
— XIV. Renouvellement des humanités. 108

		Pages.
Chapitre XV.	De l'état présent des Études publiques.	118
— XVI.	Du Choix des Études.	144
— XVII.	Méthode pour donner de l'attention.	157
— XVIII.	Division des Études.	169
— XIX.	Religion et morale.	173
— XX.	Civilité. Politesse.	193
— XXI.	Logique et Métaphysique.	198
— XXII.	Qu'il faut avoir soin du corps.	214
— XXIII.	Qu'il ne faut point étudier par intérêt.	226
— XXIV.	Grammaire.	236
— XXV.	Arithmétique.	244
— XXVI.	Économique.	245
— XXVII.	Jurisprudence.	255
— XXVIII.	Politique.	269
— XXIX.	Langues, latin, etc.	275
— XXX.	Histoire.	288
— XXXI.	Histoire naturelle.	301
— XXXII.	Géométrie.	304
— XXXIII.	Rhétorique.	306
— XXXIV.	Poétique.	316

		Pages.
— XXXV.	Études curieuses.	320
— XXXVI.	Études inutiles.	326
— XXXVII.	Ordre des études selon les âges.	332
— XXXVIII.	Études des femmes.	338
— XXXIX.	Études des ecclésiastiques.	344
— XL.	Études des gens d'épée.	354
— XLI.	Études des gens de robe.	359

FIN DE LA TABLE DU CHOIX DES ÉTUDES.

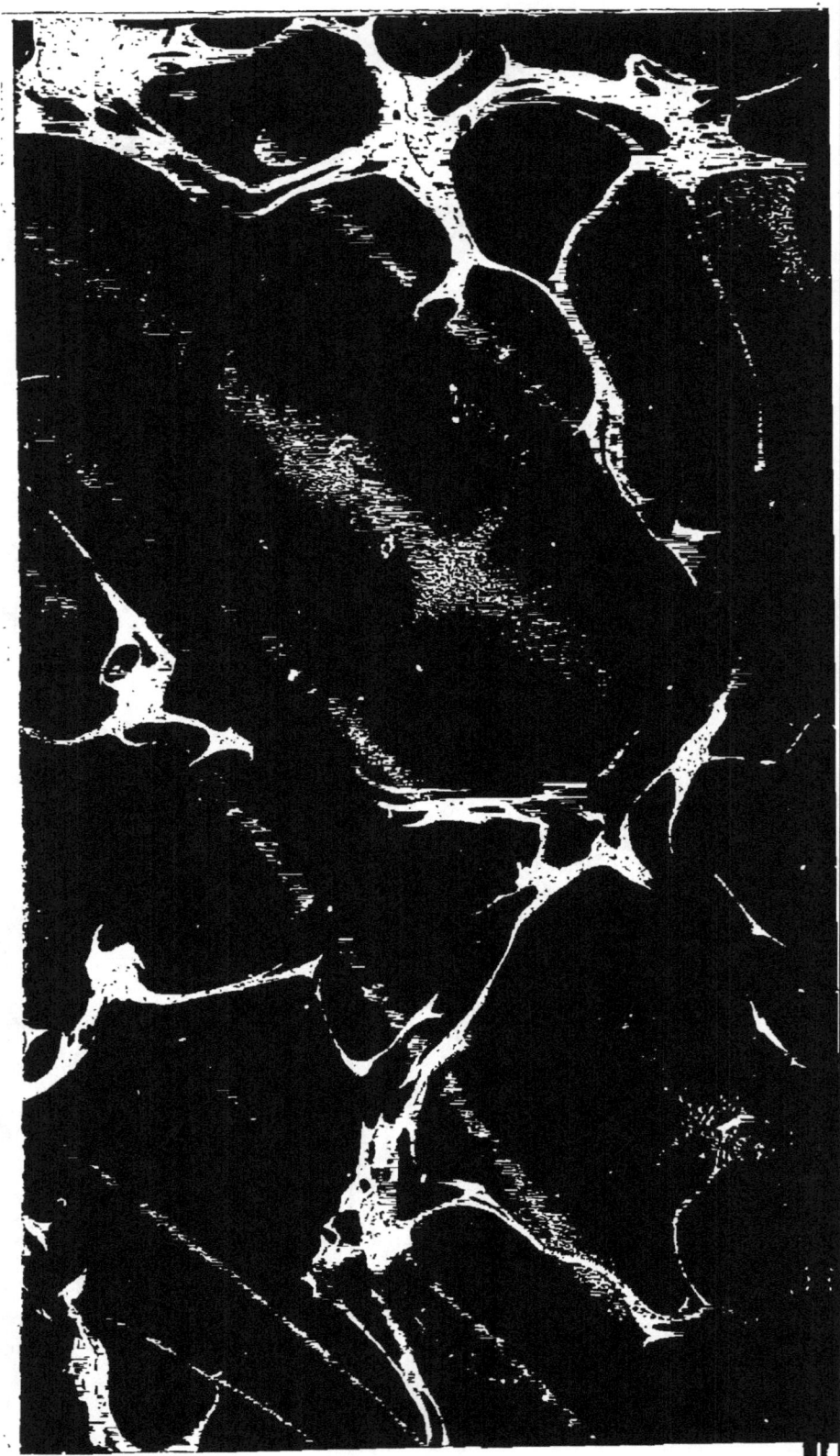

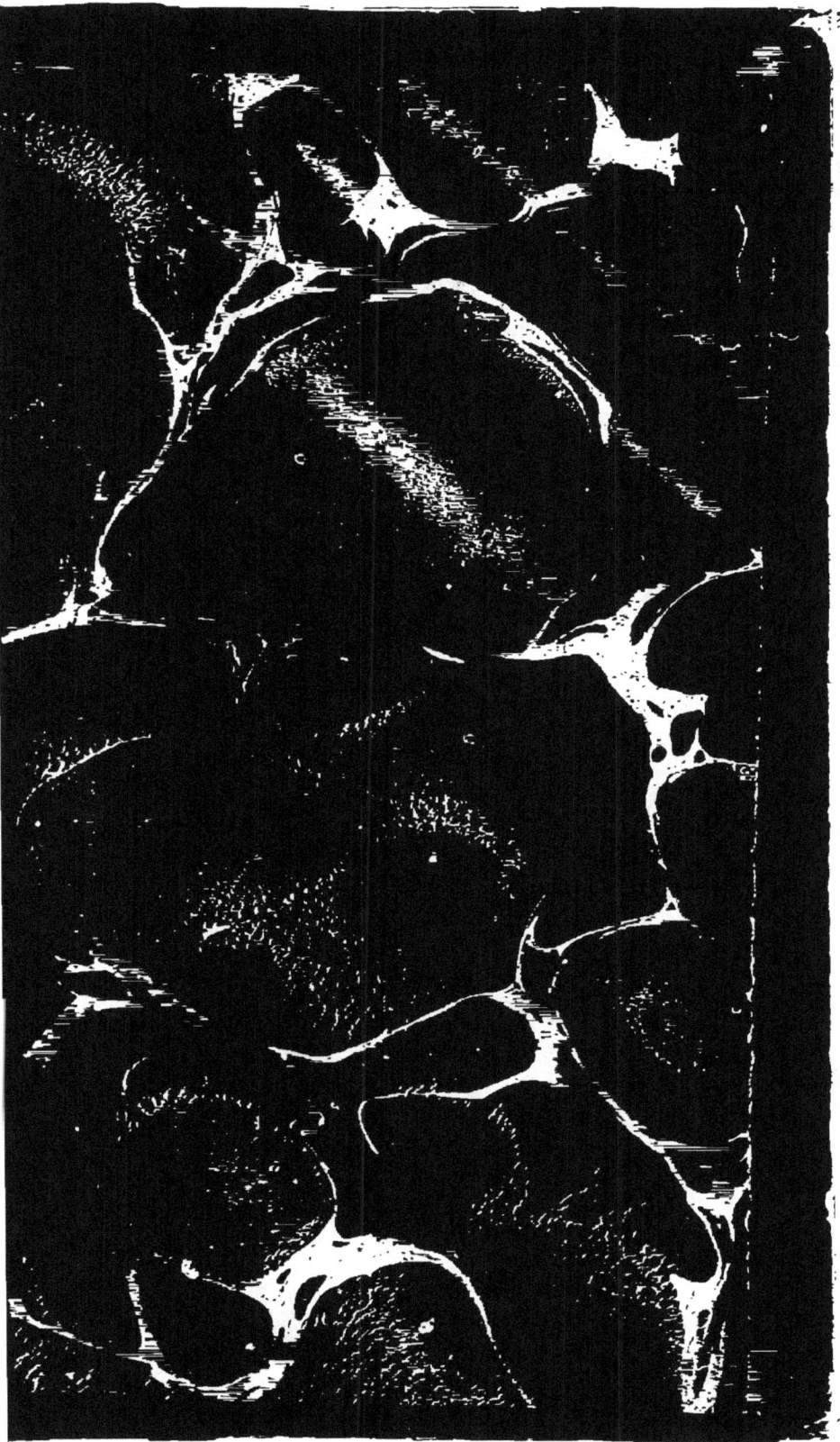

www.ingramcontent.com/pod-product-compliance
Lightning Source LLC
Chambersburg PA
CBHW060612170426
43201CB00009B/996